특종!
70명으로 읽는
한국사

✏️ 글 김인기

어린이를 위한 역사, 교양, 상식책을 쓰는 작가입니다. 그동안 지은 책으로는 《초등학생이 꼭 알아야 할 교양》(전 3권), 《한눈에 쏙쏙! 한국의 인물 100》, 《한눈에 쏙쏙! 세계의 인물 100》, 《두뇌를 깨우는 수수께끼 250》 등이 있습니다.

✏️ 그림 유설화

옛날이야기와 동물을 좋아하는 일러스트레이터입니다. 그동안 그린 책으로는 《사라진 축구공》, 《송언 선생님의 신나는 글쓰기 초등학교》, 《국회 의원 서민주, 바쁘다 바빠!》, 《조선 갑부 홍보의 홍보은행 설립기》 등이 있습니다.

✏️ 그림 이동철

어린이의 눈높이에 맞는 재미있는 만화를 그리는 작가입니다. 그동안 그린 책으로는 《똑똑한 만화 교과서-명언》, 《아하! 세계엔 이런 인물이 있었군요》, 《365 오늘의 역사》, 《그림으로 보는 한국사》 등이 있습니다.

✏️ 감수 노인환

한국학중앙연구원 한국학대학원에서 문학박사(고문서학) 과정을 마쳤으며 현재 한국학중앙연구원 장서각에서 전임연구원으로 일하고 있습니다.

특종! 70명으로 읽는 한국사

펴낸날 초판 1쇄 2015년 1월 17일 | 초판 12쇄 2024년 9월 15일
글 김인기 | **그림** 유설화 이동철 | **감수** 노인환
펴낸이 서명지 | **개발책임** 조재은 | **디자인** 디자인꾼
마케팅책임 이경준 | **제작책임** 이현애
펴낸곳 ㈜키즈스콜레 | **출판신고** 제2022-000036호
주소 서울특별시 서초구 방배천로 91 9층 | **주문전화** 02)829-1825
주문 팩스 070)4170-4318 | **내용 문의** 070)8209-6140

ⓒ 김인기, 2015
ISBN 979-11-6825-224-0 63910

이 책의 띄어쓰기, 맞춤법은 국립국어원에서 정한 지침을 따랐습니다.
이 책에 사용된 지명은 초·중 교과서 표기를 참고하여 한자음과 영어를 섞어 썼습니다.
이 책은 저작권법에 따라 보호받는 저작물이므로, 이 책에 실린 내용의 무단 전재와 무단 복제를 금합니다.

- 잘못 만들어진 책은 구입한 곳에서 바꾸어 드립니다.
- 오늘책은 ㈜키즈스콜레의 단행본 브랜드입니다.

특종! 70명으로 읽는 한국사

글 김인기
그림 유설화·이동철
감수 노인환(한국학중앙연구원)

오늘책

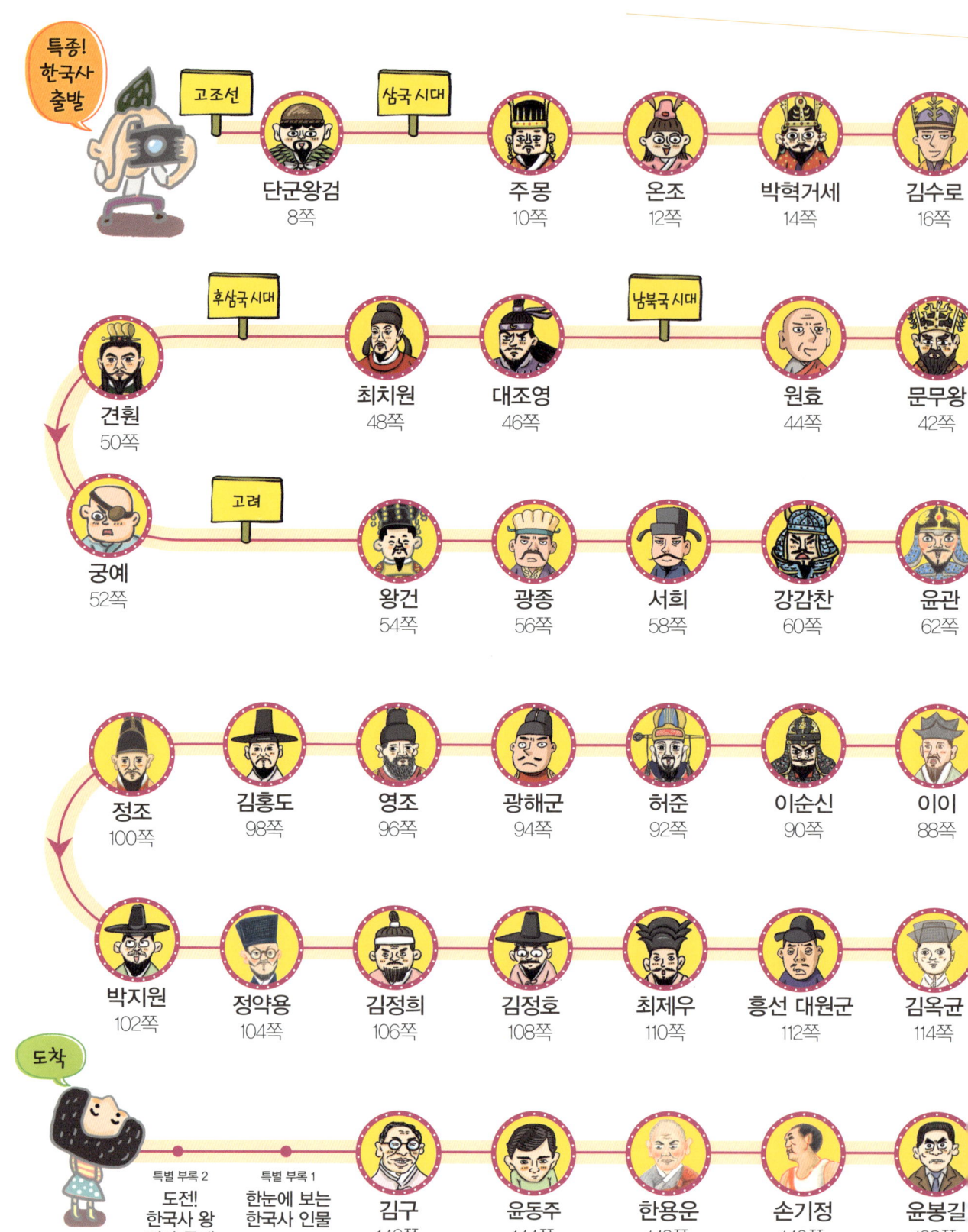

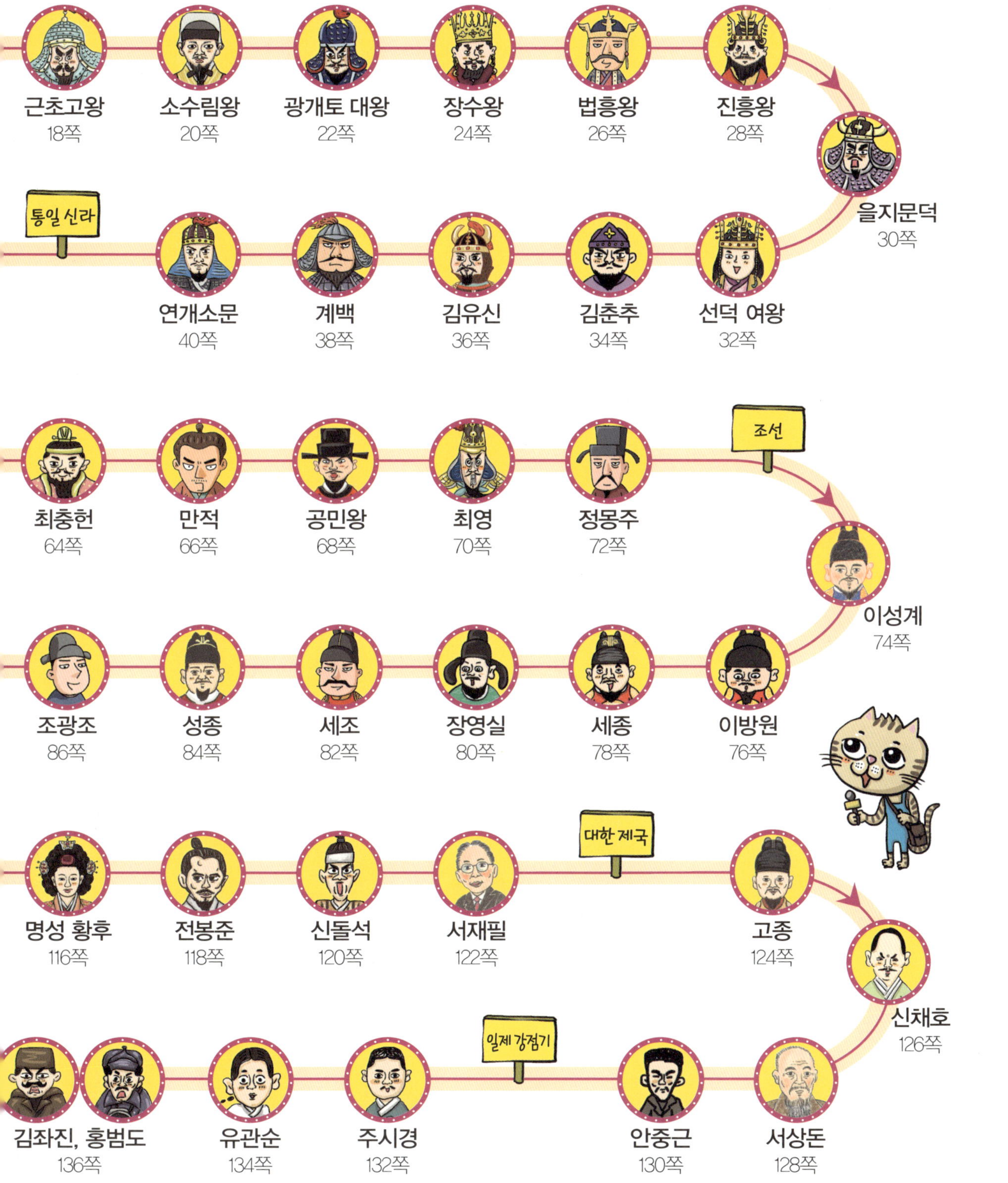

근초고왕 18쪽
소수림왕 20쪽
광개토 대왕 22쪽
장수왕 24쪽
법흥왕 26쪽
진흥왕 28쪽
을지문덕 30쪽

통일 신라

연개소문 40쪽
계백 38쪽
김유신 36쪽
김춘추 34쪽
선덕 여왕 32쪽

최충헌 64쪽
만적 66쪽
공민왕 68쪽
최영 70쪽
정몽주 72쪽

조선

이성계 74쪽

조광조 86쪽
성종 84쪽
세조 82쪽
장영실 80쪽
세종 78쪽
이방원 76쪽

대한 제국

명성 황후 116쪽
전봉준 118쪽
신돌석 120쪽
서재필 122쪽
고종 124쪽
신채호 126쪽

일제 강점기

김좌진, 홍범도 136쪽

유관순 134쪽

주시경 132쪽

안중근 130쪽

서상돈 128쪽

특종 한국사 01 – 단군왕검

내가 바로 시작이오!

단군왕검, 출생의 비밀

"아버지! 전 구름 위가 아니라 땅에서 살고 싶어요."

짧막 상식
개천절이란?
단군이 나라를 세운 10월 3일로 우리나라 건국을 기념함.

1 하늘 나라의 왕 환인에게는 환웅이라는 아들이 있었다. 환웅은 인간 세상에 내려가고 싶었다.

"신이 내려온 곳이니 이제부터 이 땅의 이름은 신시(神市)다!"

2 환웅은 아버지의 허락을 받아 3천여 명의 무리를 이끌고 태백산 꼭대기의 신단수 아래로 내려왔다.

그것이 알고 싶군

단군 신화, 어디까지 믿어야 할까?

단군 신화의 비현실적인 이야기는 잘 해석해야 한다. 여자가 된 곰과 결혼했다는 것은 환웅 부족이 곰을 받드는 부족과 통합해 나라를 세운 걸로 해석할 수 있다. 단군이 1500년 동안 나라를 다스렸다는 기록도 마찬가지이다. 단군은 사람 이름이 아니라, 고조선을 다스리던 지도자의 명칭이었다. 그러니까, 단군이라는 명칭을 가진 지도자들이 1500년 동안 나라를 다스렸다는 이야기로 해석할 수 있다.

단군왕검(?~?)
우리 민족의 시조.
우리나라 최초의 국가인
고조선의 첫 임금.

3 어느 날 곰과 호랑이가 환웅을 찾아와 인간이 되게 해 달라고 빌었다. 환웅은 100일 동안 쑥과 마늘만 먹고 햇빛을 보지 않으면 인간이 될 것이라고 했다.

4 환웅의 시험을 통과한 건 곰이었다. 여자가 된 곰은 환웅과 결혼해 단군왕검을 낳았다. 단군왕검은 아사달을 도읍으로 정하고 고조선을 세워 1500년 동안 나라를 다스렸다.

현장 취재
고인돌 세우는 방법

1. **고임돌 세우기**: 땅을 파서 고임돌을 세운다.
2. **고임돌 주변에 흙 쌓기**: 고임돌 주위를 흙으로 덮어 경사진 언덕을 만든다.
3. **덮개돌 얹기**: 통나무 위에 큰 돌을 놓고 굴려서 고임돌 위에 얹는다. 그 후 쌓아 둔 흙을 치운다.

9

특종 한국사 02 – 주몽

위험을 뚫고 고구려를 세우다!

✏️ 주몽, 전격 인터뷰

🐱 **기자** 졸본 북쪽에 있는 동부여에서 태어났다고 들었습니다. 부모님은 어떤 분이셨나요?

👲 **주몽** 어머니의 이름은 유화이고, 아버지의 이름은 해모수입니다. 어머니는 허락 없이 남자를 만났다는 이유로 집에서 쫓겨나 동부여 금와왕의 궁궐에서 나를 낳았지요.

🐱 **기자** 어머니가 알을 낳았고 거기서 태어났다고 하던데요?

👲 **주몽** 어떻게 사람이 알을 낳을 수 있겠어요? 나를 신성한 사람으로 여기도록 신하들이 지어낸 이야기예요.

🐱 **기자** 주몽이란 이름은 어떻게 생겼나요?

👲 **주몽** 주몽은 부여 말로 '활 잘 쏘는 사람'을 뜻해요. 나는 어릴 적부터 백발백중이었거든요.

🐱 **기자** 부여 땅을 떠난 이유가 궁금합니다.

👲 **주몽** 금와왕은 아들이 일곱 명이었어요. 내가 용감하고 지혜로운 청년으로 자라자 다른 왕자들이 질투를 했지요. 왕자들이 내게 해코지할 걸 걱정한 어머니가 "동부여를 떠나 멀리 가서 뜻을 이루라."고 했습니다.

🐱 **기자** 부여군이 추격할 때 죽을 고비를 넘긴 적도 있다고 들었습니다.

👲 **주몽** 사실입니다. 강을 건널 때가 큰 위기였어요. 부여군이 날 공격하려는 순간, 강 주변에 살던 부족이 나를 도와줘 간신히 추격을 따돌릴 수 있었지요.

🐱 **기자** 마지막으로 새 나라 고구려에 대한 포부를 듣고 싶어요.

👲 **주몽** 고구려는 숱한 위험을 이겨 내고 세운 나라입니다. 나는 고구려를 강대국으로 키울 거예요. 위풍당당 고구려! 여러분도 기대해 주세요!

주몽(동명 성왕)
(기원전 58~19년)
고구려의 시조. 알에서 태어났다고 알려짐.

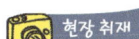 현장 취재

주몽, 유리와 상봉하다

주몽과 동명 성왕

주몽을 동명 성왕이라고도 한다. 동명 성왕은 주몽이 죽은 후 후손들이 붙인 이름이다. 이처럼 왕이 죽은 후에 그를 기념하여 붙이는 이름을 '묘호' 또는 '시호'라고 한다. 조선 시대 왕인 세종 대왕의 '세종'도 죽은 후 후손들이 붙인 이름이다. 시호는 왕비나 나라에 공을 세운 신하가 죽은 후에도 붙였다. 예를 들어 이순신의 시호는 '충무'이다.

특종 한국사 03 – 온조

한강을 선택한 내가 옳았다!

📝 남쪽으로 떠난 주몽의 두 아들

주몽은 고구려에서 새장가를 들어 비류와 온조, 두 아들을 낳았다. 주몽이 이복형제 유리를 세자로 임명하자, 비류와 온조는 고구려를 떠나 한반도 남쪽으로 내려왔다.

온조는 한강 근처의 위례성을, 비류는 서해안 근처의 미추홀을 각각 도읍으로 정했다.

📝 세상에 이럴 수가

백제는 처음에 '꼬마 나라'였다

위례성은 원래 마한의 땅이었고 마한은 50여 개의 나라로 이루어진 연맹 국가였다. 마한 땅 귀퉁이를 차지한 백제는 마한의 나라들을 하나둘 정복해 나갔고, 건국 300년 후 마한 전체를 차지하게 되었다.

온조(?~28년)
백제의 시조. 주몽의 아들로 위례성에 도읍을 정함.

시간이 흘러 누구의 선택이 옳았는지 밝혀졌다. 비류와 비류가 이끄는 무리는 온조를 찾아왔다.

> 📝 **짤막 상식**
>
> **백제의 수도는 세 번 변한다!**
> 백제는 훗날 수도를 위례성에서 웅진(지금의 충청남도 공주)으로, 다시 사비(지금의 충청남도 부여)로 바꾸었다.
> 참고로 신라는 천 년 가까이 경주가 수도였다. 그래서 경주의 별명이 오래된 옛 도읍이라는 뜻의 '천년 고도(千年 古都)'이다.

경축! 신라 제1대 왕이라오

알에서 태어난 박혁거세

박혁거세 (기원전 69~기원후 4년)

신라의 시조. 나라의 기틀을 닦고, 농사와 누에치기를 장려함.

그것이 알고 싶군

어떻게 사람이 알에서 탄생하지?

사람이 알에서 태어날 순 없다. 알 탄생 이야기는 왕이 보통 사람과는 다른, 성스러운 존재라는 것을 강조하기 위해 후세 사람들이 지어낸 이야기다. 나라를 세운 왕이 알에서 태어났다는 이야기는 고구려(주몽), 가야(수로왕)에도 있다.

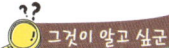

화제의 인물

용이 낳은 알영 왕비

박혁거세 못지않게 신기한 탄생 이야기를 지닌 사람이 있다. 그의 부인 알영이다. 박혁거세가 태어난 바로 그날, 우물에 닭처럼 생긴 용이 나타나 갈빗대에서 여자아이를 낳았다. 이 아이가 고운 여자로 자라서 훗날 박혁거세의 부인이 되었다는 이야기다. 용은 예로부터 사람들이 신성하게 여기던 동물이었다. 신라 사람들은 왕비가 귀한 사람인 걸 강조하려고 용이 낳았다는 이야기를 지었다.

특종 한국사 05 – 김수로

가야의 우두머리 금관가야

김수로(수로왕)
(?~199년)
가야의 시조.
여섯 가야를 세운 여섯 형제의 첫째로, 김해 김씨의 시조.

수로왕의 탄생

🖍️ 세상에 이럴 수가

수로왕의 자손은 약 412만 명?!

수로왕은 우리나라 역사에 등장하는 수많은 왕 중에서 후손이 가장 많은 왕이다. 김해 김씨의 시조이기 때문이다. 같은 김씨라도 경주 김씨, 김해 김씨 등 여러 김씨가 있다. 경주, 김해는 그 성씨의 시조가 난 곳을 말하는데, 이것을 본관이라고 한다. 현재 우리나라에 김해 김씨는 2013년 기준으로 약 412만 명이다.

특종 한국사 06 – 근초고왕

백제는 내가 키웠소!

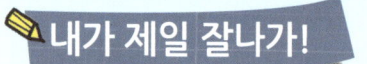 내가 제일 잘나가!

한강 지역에 온조가 세운 작은 나라 백제는 근초고왕이 다스리던 4세기에 이르러 한반도에서 가장 강한 나라가 되었다.

국토
- 한강 주변의 마한 땅을 지배함.
- 힘이 약해 고구려 눈치를 봄.

- 전라남도 지역의 마한 땅까지 정복함.
- 고구려와 전쟁을 벌여 평양을 정복함.

정치
- 왕의 힘이 약함.
- 주변 나라는 백제를 만만하게 생각함.
- 다른 나라와 교류가 없음.

- 아들에게 왕 자리를 물려줄 만큼 왕의 힘이 강함.
- 지방에 관리를 파견함.
- 중국, 일본과 우호적 관계를 유지함.

문화
- 문화 수준이 낮음.
- 역사책 없음.

- 한자, 《천자문》, 유교, 농사 기술 등 수준 높은 문화를 일본에 전파함.
- 백제 역사를 기록한 《서기》라는 책을 펴냄.

초기의 백제

4세기 백제

근초고왕(?~375년)

백제 제13대 왕.
백제를 강한 나라로 키우고,
아직기와 왕인을 일본에 파견함.

 **미니 인터뷰**

백제 문화 전도사 왕인

근초고왕 시대에 백제와 일본은 문화 교류가 활발했다. 문화 교류에 앞장선 백제의 학자 왕인을 만나 보았다.

🐱 **기자** 선생님께서 최초로 일본에 백제의 문화를 전해 주셨나요?

👤 **왕인** 아닙니다. 아직기란 학자가 일본 태자에게 공부를 가르친 적이 있습니다.

🐱 **기자** 선생님께선 일본에 무얼 전해 주셨나요?

👤 **왕인** 당시 일본은 한자를 몰랐어요. 그래서《천자문》을 전해 주었습니다. 공자가 쓴《논어》를 교재로 해서 유학도 가르쳐 주었고요.

🐱 **기자** 학문 외에 다른 것들도 전해 주었다던데요?

👤 **왕인** 맞습니다. 저와 함께 간 기술자들이 전해 주었죠. 철 만드는 법, 옷감 짜는 법, 술 빚는 법 등을 알려 주었답니다.

화제의 보물

백제, 일본 왕에게 칠지도 선물

칠지도라는 칼 이름은 7개의 칼날을 가졌다 해서 붙여진 것이다. 역사적으로 칼은 큰 권력을 가진 사람이 아랫사람에게 주는 선물이다. 그리고 백제 왕을 높이고, 일본 왕을 낮추는 표현이 칼에 새겨져 있다. 이런 점으로 보아 당시 백제가 일본을 능가하는 힘을 가졌음을 알 수 있다. 일본은 이 칼을 큰 보물로 여겨 지금까지 보존해 온다.

놀라워라! 백제의 보물

백제 문화의 우수성을 증명하는 놀라운 작품이 바로 백제금동대향로이다. 향로는 향을 피우는 작은 화로를 말한다. 이 향로는 용 모양의 받침이 연꽃 봉오리를 물고 있는 모습이다. 빼어난 공예 솜씨에 입이 쫙 벌어질 정도다.

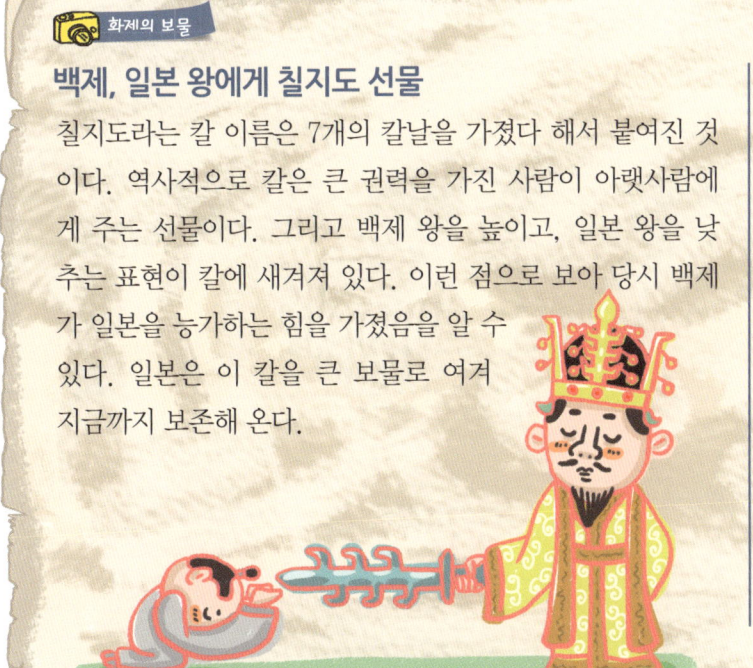

ⓒ국립중앙박물관

특종 한국사 07 – 소수림왕

고구려는 이제 불교를 믿는다!

✏️ 소수림왕은 왜 불교를 받아들였을까?

4세기 후반, 고구려의 소수림왕은 불교를 통해 백성을 단결시키고 왕의 권위를 높이려고 하였다. 불교가 고구려에 미친 영향을 알아보자.

- 불교 사상을 담은 책을 발간해 사람들의 정신을 풍요롭게 해 주었다.
- '부처님 오신 날'을 기념하는 연등 행사 등 많은 불교 풍속이 생겨났다.
- 불교 신자들이 세운 절, 탑, 불상 등이 소중한 문화유산이 되었다.

- '왕은 곧 부처'라는 불교의 주장을 통해 왕의 힘이 강해졌다.
- 죽어서도 극락에 갈 수 있다는 교리 덕분에 삶의 불안을 달랠 수 있었다.
- 불교의 자비 사상을 받아들여 어려운 이웃을 돕는 마음을 갖게 되었다.

소수림왕(?~384년)
고구려 제17대 왕. 불교를 받아들이고 고구려의 바탕을 세움.

그것이 알고 싶군

소수림왕의 업적을 더 알아보자

- 372년: 중국에서 파견된 승려 순도가 가지고 온 불경과 불상을 받았다. 또한 국립 학교인 '태학'을 세웠다.
- 373년: 율령을 정해 나라의 법을 통일시켰다. 율령에서 '율'은 죄인에게 주는 벌에 관한 법, '령'은 나라를 통치하는 법을 말한다.
- 375년: 백제의 수곡성을 빼앗았다.

사회 요런조런

〈태학〉 학생 모집

- 설립 목적: 고구려를 이끌어 갈 인재 양성
- 수업 과목: 유학, 문학, 무예
- 교수진: 고구려 최고의 학자들(태학박사)
- 입학 자격: 귀족 자제
  (태학에는 귀족 자녀만 들어갈 수 있었다. 가난한 집 아이들에게는 그림의 떡이었다.)

흑, 나는 못 가네.

- 전쟁이 났을 때 승려들이 외적을 막는 데 앞장서기도 했다.
- 불교 지도자가 중심이 되어 사회를 개혁하는 운동을 벌이기도 했다.

특종 한국사 08 - 광개토 대왕

요동과 만주는 우리 땅이다!

📝 광개토 대왕의 영토 확장

4세기 말 18세의 어린 나이로 왕이 된 광개토 대왕은 군사를 이끌고 고구려 영토를 넓혀 나갔다. 동부여를 정복할 때 무려 64개의 성과 1400여 개의 마을을 정복했다.

392년 거란 정복 거란을 공격하여 500명의 포로를 잡아 왔다.

402~406년 후연 정복 후연과 전쟁을 벌여 요하 지역을 고구려 땅으로 만들었다.

광개토 대왕(374~412년)
고구려 제19대 왕. 고구려의 땅을 넓히고, 세력을 크게 확장시킴.

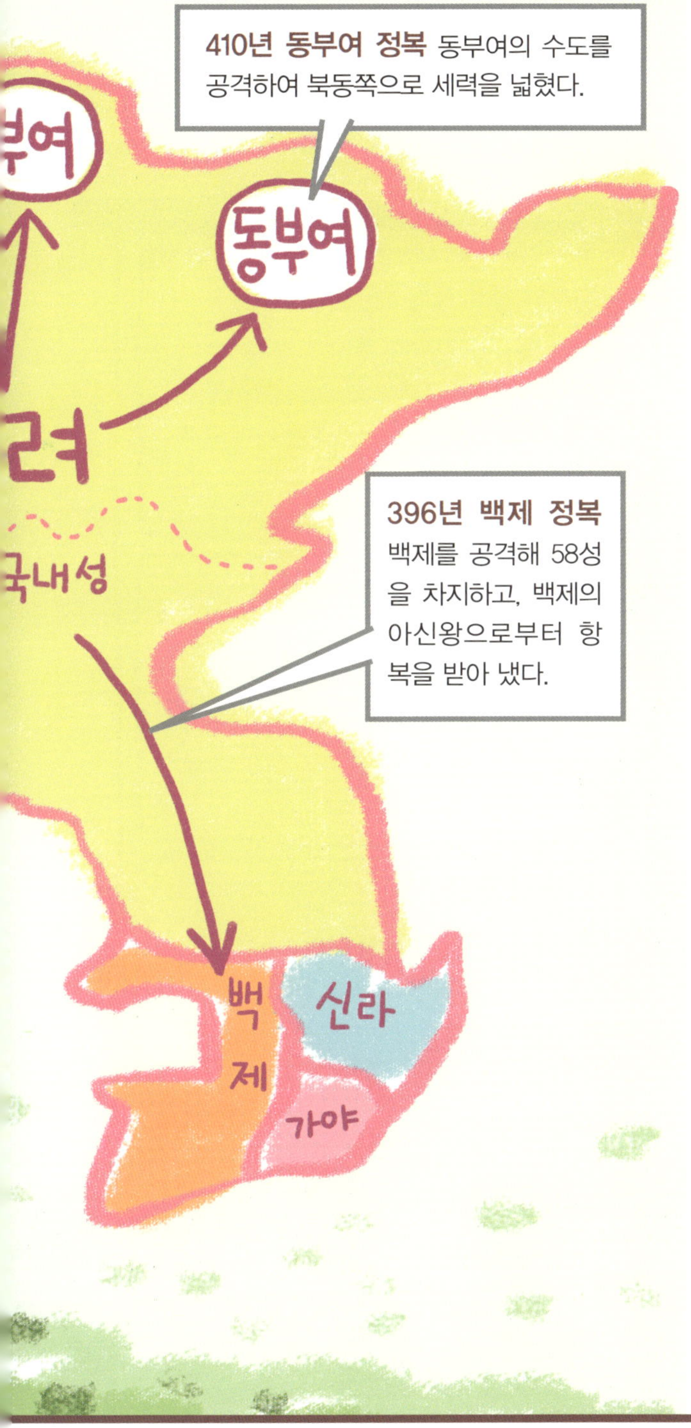

410년 동부여 정복 동부여의 수도를 공격하여 북동쪽으로 세력을 넓혔다.

396년 백제 정복 백제를 공격해 58성을 차지하고, 백제의 아신왕으로부터 항복을 받아 냈다.

📷 현장 취재

엄청 크구나, 광개토 대왕릉비

고구려의 옛 수도였던 국내성(현재의 중국 지안)에는 광개토 대왕의 무덤과 장수왕이 세운 비석이 있다. 우리나라에서 가장 큰 비석으로, 광개토 대왕이 세운 여러 가지 업적이 새겨져 있다.

ⓒ국립중앙박물관

📷 화제의 인물

고구려 때의 무덤, 무용총

무용총에 남아 있는 수렵도 그림을 보면 고구려 시대 무사들의 늠름한 기상을 느낄 수 있다.

특종 한국사 09 – 장수왕

고구려여, 가자 평양으로!

📝 장수왕이 천도한 3가지 이유

427년 장수왕은 국내성에서 꽤 먼 평양으로 수도를 옮겼다. 수도를 옮기는 걸 '천도'(遷都)라고 한다.

요래, 요래, 요래서~ 수도를 옮겨야 하느니라.

농사짓기 좋은 땅을 찾아서!
나라 살림이 풍족하려면 농사가 잘되어야 한다. 국내성 지역은 평야가 적다. 하지만 평양은 대동강 주변에 있어 비옥한 땅이 많다. 이것이 첫 번째 이유니라!

백제와 신라를 우리 땅으로!
최근 북위라는 나라가 중국 북쪽을 통일하였다. 북위가 있는 북쪽은 위험하다. 하나, 백제와 신라가 있는 남쪽은 얼마든지 우리 땅으로 만들 수 있다. 이것이 두 번째 이유니라!

왕의 힘을 더 강하게!
국내성에서 오랫동안 살아온 귀족들은 권력의 맛에 사로잡혀 고구려의 발전을 가로막고 있다. 수도를 옮기면 귀족의 힘은 약해지고 왕의 힘은 강해질 것이다. 그러니 가자! 평양으로!

평양 천도 결사 반대

우리는 귀족

장수왕(394~491년)
고구려 제20대 왕.
남쪽으로 땅을 넓히고
고구려의 전성기를 이룸.

 대세 현황

고구려의 전성기는 장수왕 시대

고구려의 전성기는 장수왕 시대였다. 소수림왕이 불교를 공인하고 광개토 대왕이 땅을 크게 넓히면서 바탕을 쌓아 준 덕분이었다. 417년에는 이웃 나라인 신라의 왕위 다툼을 조정해 눌지왕을 왕으로 세울 정도였다. 수도를 평양으로 옮긴 후에는 더욱 왕권을 강화했고 나라의 경제도 좋아졌다. 435년에는 중국 북위에 사신을 보내 외교 관계를 맺고 평화를 유지했으며 475년에는 백제를 공격해 수도 한성(지금의 한강 지역)을 점령하였다.

짤막 상식

왜 '장수'왕일까?

장수왕은 광개토 대왕의 장남으로, 20세의 나이에 왕 자리에 올라 79년간이나 나라를 다스렸다. 또한 98세까지 살아서 후손들이 '장수'라는 시호를 붙였다.

화제의 인물

장수왕이 보낸 간첩, 도림

장수왕 시절, 백제는 바둑을 좋아하는 개로왕이 다스리고 있었다. 어느 날, 바둑을 잘 두는 도림이라는 승려가 개로왕을 찾아왔다. 도림은 바둑으로 개로왕과 사귀며 왕으로부터 백제에 관한 많은 정보를 얻었다. 그러던 어느 날 도림은 왕에게 큰 성을 쌓으라고 충고했다. 도림을 철석같이 믿은 개로왕은 백성들을 동원해 큰 성을 쌓았고, 이 일로 인해 나라의 살림과 백성들의 생활이 날로 어려워졌다. 그러던 어느 날, 도림이 사라졌다. 그가 간 곳은 고구려였다. 도림의 정체는 장수왕이 보낸 간첩이었던 것이다. 도림을 통해 백제 사정을 낱낱이 알게 된 장수왕은 475년 3만 명의 군사를 이끌고 백제 수도를 점령하였다.

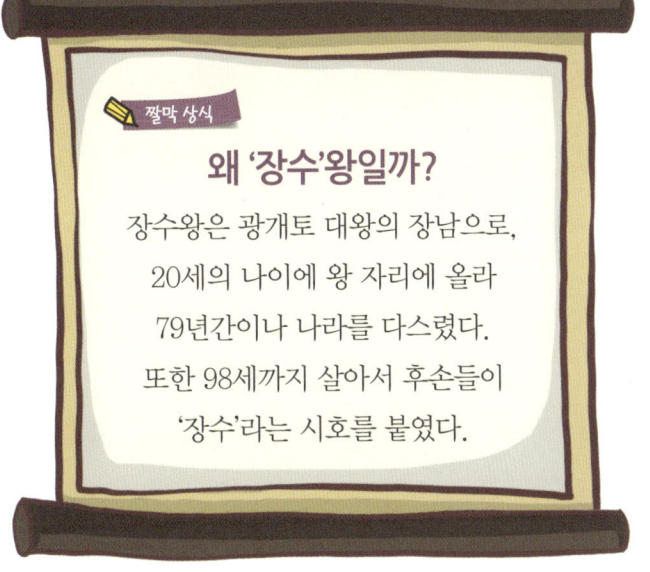

특종 한국사 10 - 법흥왕

이차돈의 희생과 맞바꾼 불교

법흥왕(?~540년)
신라 제23대 왕. 율령을 반포하고 국가 체제의 확립에 힘씀.

✏️ 불교를 받아들인 법흥왕

그것이 알고 싶군
법흥왕의 업적

법흥왕은 불교를 받아들인 것 외에도 여러 가지 업적을 세웠다. '율령'이라는 나라의 법을 만들어 널리 알리고, 금관가야 등을 흡수하여 신라의 영토를 크게 넓혔다. 또 신하들의 등급을 명확히 나누어 나랏일을 할 때 입는 옷의 색깔도 다르게 하였다.

특종 한국사 11 - 진흥왕

신라가 강해진 비결을 말하다!

진흥왕(534~576년)
신라 제24대 왕.
신라를 강대국으로 만들어
삼국 통일의 기반 마련.

둘째, 화랑 제도!
정치 안정과 경제 발전은 군사력 강화로 이어졌다. 특히 문벌과 학식이 뛰어난 청소년들을 모아 군사 훈련을 하는 화랑 제도가 큰 역할을 하였다.

셋째, 한강 차지!
진흥왕은 백제와의 연합 작전으로 한강 지역을 차지하고 있던 고구려를 몰아냈다. 이어서 백제까지 몰아내고 한강 지역을 완전히 차지했다.

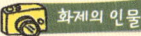 화제의 인물

아름다운 청년, 화랑 사다함

16세의 사다함은 1000여 명의 낭도를 거느린 화랑 지도자이다. 그는 562년 신라가 가야를 정복할 때 승리의 주역이 되었다. 이에 진흥왕은 사다함에게 포로와 땅을 상으로 주었는데, 사다함은 포로를 풀어 주고 거칠고 메마른 땅만 받았다. 어려서부터 무관랑과 두터운 우정을 나누었는데, 무관랑이 병사하자 7일간을 통곡하다 17세로 죽었다.

특종 한국사 12 - 을지문덕

살수를 지나가지 못할 것이다!

고구려가 수나라 113만 대군 격파

612년, 을지문덕 장군이 이끄는 고구려 군대가 살수(지금의 청천강)에서 수나라 군대에 큰 승리를 거뒀다.

출발

수나라 육군 출발 수나라 양제가 113만 명의 군사를 데리고 고구려 정벌에 나섰다. 군대가 모두 출발하는 데에만 40일이 걸렸다.

보나 마나 이번 전쟁은 우리 수나라 승리다!

첫 번째, 요하 전투 고구려군은 요동 지역의 요하에서 수나라 군대와 전투를 벌여 타격을 입혔다.

● 요하

● 요동

두 번째, 요동성 전투 요하를 겨우 건넌 수나라군은 요동성을 공격했지만 고구려 군사들이 끝까지 성을 지켰다.

● 탁군(북경)

출발

수나라 수군 출격 수나라 수군이 육군과는 별도로 산둥 반도에서 황해를 건너 진격하였다.

● 산둥 반도

을지문덕(?~?)
고구려 영양왕 때의 장군.
뛰어난 계략과 용맹함으로
수나라의 대군을 물리침.

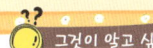 그것이 알고 싶군

수나라를 골탕 먹인 농성 작전

고구려는 농성 작전을 적절하게 이용해 큰 효과를 보았다. 농성 작전이란 들판이나 산에서 적군과 싸우지 않고 튼튼한 성안에 들어가 적의 공격을 막아 내는 작전이다. 이때 중요한 것은 식량, 가축, 물 등 먹을 것을 모조리 성안으로 가져가는 것이다. 을지문덕은 이 작전으로 수나라의 힘을 뺀 후 총공격을 해 승리를 거뒀다.

> 가련하도다! 죽을 줄 모르고 제 발로 함정에 기어든 수나라 군사들이여!

세 번째, 살수 대첩 수나라는 별동대 30만을 보내어 평양 정복에 나섰다. 고구려군은 후퇴하는 척하며 수나라군을 평양 쪽으로 유인했다. 오랜 행군에 수나라군은 지쳐 갔다. 고구려군은 이 틈을 놓치지 않고 살수에서 막아 놓았던 둑을 튼 뒤 총공격을 퍼부었다. 결국 살아서 돌아간 별동대가 3천 명도 채 되지 않을 정도로 고구려군은 큰 승리를 거뒀다.

살려 줘~!

살수 대첩

네 번째, 평양성 전투 고구려군은 바다를 건너온 수나라 수군을 크게 물리쳤다.

●평양성

> 빨리 고향 땅에 돌아가고 싶어. 엄~마, 보고 싶어!

> 살려 줄 테니 돌아가서 평화롭게 살아.

특종 한국사 13 - 선덕 여왕

나는 신라의 여왕이다!

📜 선덕 여왕의 5가지 지혜

신라 제26대 왕 진평왕의 큰딸인 선덕 여왕이 즉위할 무렵, '과연 여자가 잘할 수 있을까?' 하며 걱정하는 사람들도 있었다.
하지만 선덕 여왕은 훌륭히 나라를 다스려 '선덕여대왕'이라는 시호를 받았다.

"어려운 백성을 보살펴야 해."
632년 왕이 된 선덕 여왕은 신라 곳곳에 관리를 보내 고아나 혼자 사는 노인 등 어려운 백성을 돕게 했다.

"외교를 잘해야 나라가 평화로워."
당시 강대국이었던 당나라에 사신을 보내 좋은 관계를 유지했다.
그 덕분에 훗날 신라는 당나라와 동맹을 맺을 수 있었다.

"농업과 기술이 발전해야 해."
농업에 중요한 날씨의 변화를 관찰하기 위해 첨성대를 세웠다. 또 백제의 기술자를 초청하여 신라 최대 목탑인 황룡사 9층 목탑을 세웠다.

"외적의 침입은 신속하게 물리쳐야 해."
636년 백제군이 독산성에 쳐들어오자 선덕 여왕은 신속히 군대를 보내 백제군을 무찔렀다.

"미래를 이끌 인재도 키워야지."
김춘추와 김유신 등 능력 있는 신하들에게 힘을 실어 주었다. 또 귀족 자녀 중에서 똑똑한 사람을 뽑아 당나라에 유학을 보냈다.

선덕 여왕(?~647년)

신라 제27대 왕.
신라 문화의 전성기를 이끈
신라 최초의 여왕.

 그것이 알고 싶군

선덕 여왕의 3가지 초능력, 어디까지 사실일까?

《삼국유사》에는 선덕 여왕이 세 가지 일을 겪어 보기 전에 미리 알아맞혔다는 이야기가 나온다. 첫째, 당나라 황제가 보낸 꽃 그림과 씨앗을 보고, 그 씨앗에서 핀 꽃에는 향기가 없다는 것을 알아맞혔다. 꽃 그림에 나비가 없는 것을 보고 추리한 것이다. 둘째, 신라에 쳐들어온 백제군이 숨은 곳을 알아맞혔고, 마지막으로 자신이 언제 죽을지 알아맞혔다. 꽃향기와 백제군에 관한 것은 비상한 추리력으로 맞힐 수 있다고 해도, 죽을 때를 아는 것은 어려운 일이다. 이는 《삼국유사》가 선덕 여왕의 능력을 미화하기 위해 지어낸 이야기일 가능성이 높다.

선덕 여왕은 어떻게 신라 최초의 여왕이 되었을까?

신라는 철저한 신분 사회였다. 부모가 모두 왕족인 성골 등급만이 왕이 될 수 있었다. 선덕 여왕의 아버지인 진평왕에게는 아들이 없었다. 따라서 유일한 성골이었던 선덕 여왕이 왕위를 이어받은 것이다.

선덕 여왕이 만든 첨성대

첨성대는 선덕 여왕 때 세워진 천문 기상 관측대로 별의 움직임을 바탕으로 나라의 좋은 일과 나쁜 일을 점치고, 날씨와 기후를 살펴 농사짓는 시기를 결정했다. 첨성대를 이루는 돌의 개수는 362개로 1년의 날수와 거의 같다. 동양에서 가장 오래된 관측대로 국보 제31호이다.

특종 한국사 14 – 김춘추

삼국의 통일은 내가 시작한다

목숨을 건 김춘추의 외교 활동

648년 신라의 김춘추는 당나라에 건너가 동맹을 맺었다. 이 사건은 이후 삼국 시대 역사에 큰 영향을 미쳤다.

포로가 된 외교관

642년 김춘추는 고구려에 가서 백제를 치겠다며 군사를 요청했다. 고구려는 신라가 한강 상류 근처의 땅을 돌려주면 도와주겠다고 했다. 김춘추가 제안을 거절하자 고구려는 김춘추를 감옥에 가두었다.

고구려 탈출

감옥에서 김춘추는 토끼와 자라 이야기를 듣고 꾀를 냈다. 그는 자기가 신라로 돌아가면 땅을 돌려주겠다고 약속하고 감옥에서 풀려났다.

당나라로 출발

648년, 김춘추는 고구려 대신 당나라로 건너가 도움을 청했다. 고구려가 눈엣가시 같았던 당나라는 신라의 제안을 받아들여 동맹을 맺었다.

김춘추(태종 무열왕)
(603~661년)

신라 제29대 왕.
당나라와 함께 백제를 무너뜨리고
삼국 통일의 기반을 닦음.

 대세 현황

삼국의 지도자를 소개합니다!
김춘추가 살았던 640년경 고구려, 백제, 신라의 최고 권력자를 알아보자.

고구려 연개소문
장점 645년 당나라의 대군을 막아 낼 정도로 지도력이 뛰어나고 자주적임.
단점 성격이 포악하고 잔인했다고 전함.

백제 의자왕
장점 왕이 된 후 신라와의 전투에서 승리하여 많은 지역을 점령함.
단점 시간이 지날수록 게을러져 사치와 방탕을 즐김.

신라 김춘추
장점 외교력이 빼어나고, 김유신이라는 훌륭한 장수를 두고 있음.
단점 연개소문, 의자왕과 비교하여 전투 경험이 적음.

당나라에 두고 온 아들
동맹을 맺은 후 김춘추는 아들 김문왕을 당나라에 남겨 두었다. 혹시 당나라가 약속을 지키지 않을 경우 아들을 통해 군사를 요청하기 위해서였다.

으악! 고구려 경비병이다
당나라에서 돌아오던 김춘추는 바다에서 고구려 경비병을 만났다. 부하 온군해가 김춘추로 변장하여 대신 잡힌 덕분에 목숨을 건질 수 있었다. 그는 두 번이나 죽을 고비를 넘기고 훗날 태종 무열왕이 되었다.

특종 한국사 15 – 김유신

신라의 영웅이로소이다!

✏️ 가야의 후손, 삼국 통일의 쌍두마차 되다

"내가 없었으면 삼국 통일도 없었지!"

본래 김유신의 집안은 금관가야의 왕족이었다. 김유신의 증조할아버지가 금관가야의 구형왕이었는데, 구형왕이 신라 법흥왕에게 항복하면서 김유신 집안이 신라로 들어오게 되었다. 이후 김유신의 할아버지와 아버지가 여러 전투에서 큰 공을 세워 집안을 일으켰다. 김유신은 일찍이 김춘추의 사람됨을 알아보고 자신의 여동생 문희를 김춘추와 결혼시켰다. 이렇게 해서 두 사람은 더욱 끈끈한 관계가 되었고, 김춘추는 정치 외교 분야에서, 김유신은 군사 분야에서 활약하며 삼국 통일의 쌍두마차가 되었다.

📷 왕실 특종
연을 이용한 천재적인 작전

"안 좋은 징조이옵니다."

647년 선덕 여왕 시절에 비담이란 신하가 반란을 일으켰다. 이때 큰 별이 궁궐에 떨어지자 사람들은 선덕 여왕이 패할 징조라고 생각했다. 그래서 반란군의 사기는 올라가고 신라군의 사기는 떨어졌다. 이때 김유신이 연에 불을 붙여 하늘에 띄웠다. 그 모습은 마치 별이 하늘로 올라가는 것처럼 보였다. 이것을 본 신라군의 사기가 다시 올라갔고 김유신은 반란군을 물리칠 수 있었다.

김유신(595~673년)
신라의 훌륭한 장군. 김춘추를 도와 삼국 통일을 이끎.

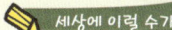 세상에 이럴 수가

저절로 튀어나오는 신비의 칼

김유신은 신라의 최고 영웅이었던 만큼 그에 관한 신기한 이야기도 많이 전해 온다. 산에서 수련하던 김유신 앞에 신선이 나타나 무술 비법을 알려 주었고, 다음 해에는 하늘에서 별이 내려와 칼에 깃들었다. 이때부터 김유신의 칼은 천하제일이 되어 김유신이 화를 낼 때마다 저절로 칼집에서 튀어나왔다고 한다. 경주 근처 단석산에는 마치 칼로 자른 듯이 갈라진 바위가 있는데, 신라 사람들은 김유신이 자른 바위라고 믿었다.

📷 미니 인터뷰

김유신의 아들, 김원술을 만나다

기자 안녕하세요? 김유신 장군의 둘째 아들이신데, 아버지가 많이 엄하신 편이었다고요?

원술 네, 많이 엄하셨지요. 한번은 당나라와의 전투에 제가 장교로 출전했는데, 결국 그 전투는 신라의 패배로 끝났어요. 그때 많은 신라 장수가 죽었는데 저는 살아서 돌아왔죠. 그러자 아버지가 문무왕에게 나를 처형해 달라고 했어요. 다른 장수들을 따라 죽지 않은 것은 비겁하다면서요.

기자 그래서 어떻게 되었나요?

원술 문무왕은 저를 용서해 주었어요. 저는 부끄러워서 아버지를 보지 못하고 시골로 숨어 버렸답니다.

특종 한국사 16 - 계백

우리는 백제의 마지막 희망이다!

계백(?~660년)
백제 말기의 장군. 나당 연합군과 싸우다 장렬하게 죽음.

계백 부대의 장렬한 최후

그것이 알고 싶군

백제는 왜 망했을까?

신라가 당나라와 동맹을 맺은 것은 백제에게 큰 위기였다. 위기 때는 정신을 바짝 차려야 하지만 백제는 그러지 않았다. 의자왕은 신라-당나라 연합군 공격에 대비하지 않았고 전쟁을 준비하라는 충신의 말도 듣지 않았다. 결국 황산벌 전투 패배 후 백제는 힘없이 무너졌다.

특종 한국사 17 – 연개소문

끝까지 고구려를 지킬 것이다!

당나라 대군이 고구려를 침략하다!

645년 당나라 태종이 군대를 이끌고 고구려에 쳐들어왔다. 당시 고구려 권력자였던 연개소문은 끝까지 당나라에 맞서 용감하게 싸웠다. 승패는 안시성에서 갈렸다. 당시 긴박했던 안시성 전투 상황을 살펴보자.

첫째, 당나라는 왜 고구려를 공격했나?

연개소문이 이끄는 고구려가 신라를 위협하자 신라와 동맹을 맺은 당나라는 고구려에 사신을 보내 신라에 대한 위협을 중지하라고 요구했다. 하지만 연개소문은 이를 거절하고 당나라 사신을 감옥에 가두었다. 분노한 당나라 황제 태종은 직접 군대를 이끌고 고구려 정복에 나섰다.

둘째, 우리는 안시성을 지킨다!

태종이 이끄는 대군이 고구려의 안시성을 포위하고 항복을 요구했다. 이에 따라 안시성 근처에 살던 고구려인들은 물과 먹을 것을 가지고 안시성으로 들어가 병사들과 함께 공격에 대비했다. 주민과 병사가 하나로 똘똘 뭉쳐 당나라에 완강히 저항한 것이다.

연개소문(?~665년)
고구려의 정치가이자 장군. 타협을 모르는 강경한 외교로 당나라 대군을 물리침.

세상에 이럴 수가

유언을 어긴 세 아들

연개소문이 죽자 세 아들인 남생, 남건, 남산은 "장남이 모든 권한을 갖고, 남건과 남산은 형을 도와 고구려를 지켜라."라는 아버지의 유언을 어기고 권력 다툼을 벌였다. 이후 동생들에게 쫓겨난 남생은 고구려를 침략한 당나라에 항복했고, 결국 고구려는 멸망하고 말았다.

셋째, 파괴된 성을 수리하라!

당나라는 안시성을 파괴하기 위해 큰 돌을 날리는 무기인 투석기를 동원했다. 투석기 공격에 성벽이 무너지면 고구려 병사들은 쏜살같이 달려가 성벽을 다시 세웠다. 이렇게 고구려 병사의 신속한 방어로, 결국 당나라의 투석기 공격은 실패했다.

넷째, 당나라 흙산을 허물어라!

당나라는 새로운 작전을 썼다. 성 가까이에 흙을 쌓아 안시성 성벽과 비슷한 높이의 흙산을 만드는 것이었다. 그런데 흙산이 거의 완성될 무렵 흙산이 갑자기 무너졌다. 이 틈을 타 고구려 병사들이 성 밖으로 나와 당나라 병사들을 공격했다. 결국 태종은 안시성 정복을 포기하고 제 나라로 돌아갔다.

특종 한국사 18 – 문무왕

죽으면 나를 바다에 묻어라!

문무왕, 신라의 삼국 통일을 완성하다!

문무왕은 영리하고 총명하며, 문제를 탁월하게 해결했다고 전해 온다. 문무왕이 어떤 과정을 거쳐 삼국 통일을 완성했는지 알아보자.

- 660년 태자 시절, 신라와 당나라가 연합군을 형성하여 백제를 정벌할 때 큰 공을 세웠다.
- 661년 태종 무열왕이 죽자 왕이 되었다. 옹산성과 우술성을 차지하고 있던 백제의 남은 병사들을 공격해 항복을 받아 냈다.
- 668년 당나라군과 함께 고구려의 평양성을 정복하고 보장왕으로부터 항복을 받아 냈다.
- 670년 당나라가 백제, 고구려의 땅을 자기 것으로 만들려고 하자 당나라와 전쟁을 벌였다.
- 676년 약 7년에 걸친 오랜 전쟁 끝에 문무왕은 기벌포 앞바다에서 당나라 군대를 크게 물리치고 삼국 통일을 완성했다.

현장 취재
문무왕의 혼이 잠든 대왕암을 찾아가다

유서

"죽으면 나를 바다에 묻어라."

문무왕은 죽기 전 이런 유언을 남겼다. 자신을 화장하여 동해에 뿌려 달라는 것이다. 죽어서도 바다의 용이 되어 왜적을 막겠다는 뜻이었다.

*대왕암은 지금의 경북 경주시 앞바다에 있다.

문무왕(?~681년)
신라 제30대 왕.
김유신과 함께
신라의 삼국 통일을 완성함.

📝 세상에 이럴 수가

수리수리 마술 피리

문무왕은 죽기 전 바닷가에 절을 세워 왜적을 막으려 하였으나 완공되기 전에 죽고 말았다. 이후 아들인 신문왕이 절을 완성하였으니, 이것이 바로 대왕암 근처의 감은사이다. 지금은 절터와 석탑만 남아 있지만, 용이 된 문무왕이 다닐 수 있도록 절 밑에 통로를 만들었다고 한다. 감은사에는 신문왕 때에 만들었다는 신기한 피리 이야기도 전해 온다.

특종 한국사 19 - 원효

모든 것은 마음에 달려 있다!

원효(617~686년)
신라의 승려.
불교의 대중화에 힘쓰고
불교 사상을 융합함.

노래하는 스님 원효

661년, 원효는 의상과 함께 당나라 유학을 떠났다.

"자, 떠나자! 불교 배우러!"
"유후!"

경주를 떠난 지 며칠 후, 하늘에서 비가 쏟아졌다.

"응?"
부슬 부슬

두 스님은 운 좋게 비 피할 곳을 찾았다.

"이게 웬 고생이야."
"그래도 하룻밤 보내기엔 괜찮네."

잠을 자다 목이 마른 원효는 어둠 속에서 물을 발견했다.

"시원하고 달콤하군. 이 또한 부처님 은혜로다!"

이튿날 원효는 까무러치게 놀랐다. 왜냐하면…….

"맙소사!"

밤에 마신 것이 해골에 담긴 썩은 물이었던 것이다. 이때 원효는 큰 깨달음을 얻었다.

해골인 줄 몰랐을 땐 마음이 편했다. 해골인 걸 알고 나니 마음이 괴롭다. 이 세상 모든 기쁨과 슬픔은 어떤 마음이냐에 달린 것이다.

당나라에 가서 유학을 하느니 신라 땅에서 마음 공부를 더 하는 것이 진짜 공부가 아닐까?

🎥 화제의 인물
그 아버지에 그 아들

원효는 신라 왕족인 요석 공주와 인연을 맺고 아들 설총을 낳았다. 설총은 학자가 되었는데 그의 업적은 '이두'를 발전시킨 것이다. '이두'란 중국 문자인 한자의 음과 뜻을 빌려 우리말을 적는 표기법을 말한다. 역시, 그 아버지에 그 아들이다.

특종 한국사 20 – 대조영

고구려를 잇는 나라를 세우겠다!

📝 발해를 세운 대조영의 비밀 일기, 긴급 입수!

"슬프도다, 내 나라여!"

"당나라 사람과 너희는 달라!"

나라를 잃은 고통이여!

668년, 내 부모님의 나라 고구려가 멸망했다. 당나라는 수많은 고구려 사람들을 강제로 당나라 땅에 끌고 가 살게 했다. 우리 가족도 고향을 떠나 당나라 땅에서 살아야 한다. 슬프구나, 나라를 잃은 고통이여!

새 나라를 세우리라!

내가 사는 곳에는 거란족, 말갈족도 살고 있다. 당나라는 자신들과 다른 민족을 차별하고 괴롭힌다. 나는 결심했다. 언젠가는 새 나라를 세워 당나라 지배에서 벗어나겠다고.

🔍 **짤막 상식**

남북국 시대

698년 한반도 북쪽에 발해가 생겼을 때 한반도 남쪽에는 삼국을 통일한 통일 신라가 있었다. 발해와 통일 신라가 함께 있던 시기를 남북국 시대라고 한다. 200년 넘게 번성하던 발해는 926년 거란의 공격을 받아 무너지고 말았다.

대조영(?~719년)
발해의 시조.
고구려의 유민으로
발해를 세움.

가자, 동쪽으로!

696년, 때가 왔다. 나는 사람들 앞에서 소리쳤다. "당나라를 떠나 동쪽으로 갑시다. 새 나라를 세웁시다!" 박수가 쏟아졌다. 나는 고구려 사람들과 말갈족을 이끌고 당나라를 떠났다.

위기에서 승리로!

당나라는 추격 부대를 보냈다. 위기였다. 난 추격을 따돌릴 작전을 세웠다. 숲이 울창한 곳으로 들어가 기습 공격을 하는 것이었다. 작전은 성공이었다. 당나라 군대는 되돌아갔다.

꿈은 이루어졌다!

나는 많은 들판과 산을 지나 당나라 땅에서 아주 먼 동쪽으로 이동했다. 698년, 마침내 동모산 지역에 새 나라를 세우고 발해라고 이름 붙였다. 발해는 대외적으로도 고구려를 계승한 나라임을 내세웠다. 나는 주변의 나라인 돌궐, 신라 등과 외교 관계를 맺고 발해의 지위를 더욱 튼튼히 하였다.

해동성국을 이루다!

그 후 발해는 계속 번성하여 고구려 때보다 더 넓은 땅을 차지하였다. 그리하여 발해는 바다 동쪽의 번성한 나라라는 뜻의 '해동성국'이라 불리기도 했다.

특종 한국사 21 - 최치원

지금 신라에는 개혁이 필요하다!

신라 말기 최고 학자, 최치원 전격 인터뷰

안녕하세요? 요즈음 신라는 정치도 혼란스럽고 백성들은 가난하지요. 그 이유가 뭘까요?

왕과 귀족들이 문제입니다. 그들은 자기 권력과 특혜를 지키는 데만 관심 있어요. 백성은 변화와 개혁을 바라는데 들은 체 만 체 합니다. 어느 나라든 지도자들이 제 이익만 챙기면 그 나라는 망합니다. 신라가 지금 그 모양입니다.

다 내 거야!

신라에도 훌륭한 젊은이가 많은데, 그들이 능력을 발휘하면 되지 않나요?

많으면 뭐합니까? 신라에는 골품이라는 신분 제도가 있습니다. 똑똑한 사람도 신분이 낮으면 높은 벼슬에 오를 수 없어요. 신분의 벽에 막혀 뜻을 펼 기회가 없는 거죠! 참 안타까워요.

〈골품제〉

개혁안을 제출하셨다던데, 왕이 받아들이지 않으면 어떻게 하실 건가요?

왕이 받아들이더라도 귀족들이 반대할 가능성이 있습니다. 만약 개혁이 실패한다면 저는 산으로 들어가 조용히 살려고 합니다.

48

최치원(857~?년)
통일 신라 말기의 학자.
진성 여왕에게
개혁안을 제시함.

세상에 이럴 수가

최치원의 개혁, 실패로 끝나

최치원의 꿈은 물거품이 되었다. 진성 여왕은 최치원의 개혁안을 받아들였지만 귀족들의 반대에 부딪혔다. 이미 진성 여왕은 최치원의 개혁안을 밀어붙일 힘을 잃어버린 상태였다. 좌절한 최치원은 수도 경주를 떠나 산에 들어가 학문을 연구하며 살았다.

사회 요런조런

지방 곳곳에서 호족 난립

신라 말기, 왕의 힘이 약해진 틈을 타 지방에서 귀족, 부자, 장수 들이 각각 자기 세력을 키웠다. 이들을 '호족'이라고 한다. 후백제를 세운 견훤, 고려를 세운 왕건도 처음에는 호족이었다.

천 년 신라가 저물어 가는구나.

그것이 알고 싶군

능력자 최치원, 그는 누구인가

12세에 당나라로 유학을 떠난 최치원은 열심히 공부하여 18세 때 당나라 과거 시험에 1등으로 합격했다. 최치원은 황소의 난이 일어나자 황소를 성토하기 위해 《토황소격문》을 지었는데, 뛰어난 문장으로 황소가 이 격문을 읽다가 자신도 모르게 침상에서 내려앉았다는 일화가 있다. 29세 때인 885년, 신라로 돌아와 벼슬을 지냈지만 신라 정치가 혼란해 자기의 뜻을 마음대로 펼치지 못했다.

특종 한국사 22 – 견훤

삼국 통일, 할 수 있었는데

견훤과 함께 후삼국 시대가 시작되다!

900년, 신라의 대표적인 호족 견훤이 전라도 땅에 후백제를 세움으로써 후삼국 시대가 시작되었다. 어떤 나라와 지도자들이 있었는지, 후삼국 시대의 상황을 살펴보자.

후~유.

- **최고 지도자**: 대위해(대조영의 후손, 제14대 왕)
- **수도**: 상경
- **상황**: 신라만큼 위기다. 지배층 분열과 거란의 위협에 휘청거리고 있다. 먹고사는 형편도 나빠져서 많은 백성이 후고구려 땅으로 내려가고 있다.

발해

하하하!

- **최고 지도자**: 궁예
- **수도**: 송악(지금의 개성)
- **상황**: 현재 후삼국 중 가장 힘이 세다. 소백산맥 위쪽 대부분 지역을 차지하고 있다. 한강 지역도 후고구려 땅이다. 왕건 등 용감한 장수가 많다는 것도 장점이다. 자신만만한 궁예는 901년 정식으로 후고구려를 건국한다.

후고구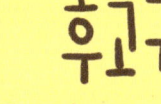
●송악(개성)

궁예 놈!

- **최고 지도자**: 견훤
- **수도**: 완산주(지금의 전라북도 전주)
- **상황**: 국력이 상승세이다. 견훤이 가장 신경 쓰는 경쟁자는 후백제 북쪽의 궁예이다. 궁예가 호시탐탐 기름진 후백제의 땅을 노리고 있기 때문이다.

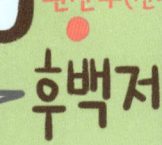
완산주(전주)
후백제

견훤(867~936년)
후백제의 시조.
신라 호족 출신으로
후백제를 세움.

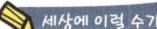 세상에 이럴 수가

견훤의 아버지가 지렁이라고?

견훤의 어머니는 밤마다 찾아오는 어느 남자와 사랑을 나눴다. 어머니는 남자의 정체를 알기 위해 남자가 떠날 때 실을 꿴 바늘을 옷에 몰래 꽂았다. 이튿날 실을 따라가 보니 동굴 안에 바늘에 꽂힌 지렁이가 있었다. 이 이야기는 후세 사람들이 지어낸 이야기로 《삼국유사》에 실려 있다. 만약 견훤이 후삼국을 통일했다면 훨씬 더 멋진 이야기가 전해 왔을 것이다.

- **최고 지도자**: 효공왕
- **수도**: 금성(지금의 경상북도 경주)
- **상황**: 국력이 급속하게 기우는 중이다. 후고구려에 북쪽 30개의 성을 빼앗겼고, 후백제에 서남쪽 땅을 빼앗겼다. 효공왕은 나라가 기우는데도 정치를 게을리하였다.

나라가 기울어도 난 몰라.

금성(경주)
신라

짤막 상식

후삼국 통일의 열쇠는 '민심'

'민심'이란 백성의 마음으로, 민심을 얻는다는 건 백성의 신뢰와 지지를 받는다는 것이다. 결과적으로 후백제와 후고구려는 민심을 얻지 못했고, 고려를 건국한 왕건은 민심을 얻어 후삼국을 통일할 수 있었다.

(왕건에 대한 자세한 내용은 54쪽을 보시오.)

특종 한국사 23 - 궁예

고구려를 되살렸으나 민심을 잃다

  궁예는 어떻게 나라를 세웠는가

비극적인 출생과 성장

왕족으로 태어났지만 귀족들 사이의 싸움에 휘말리면서 신라 왕실로부터 버림을 받았다. 버림받은 궁예를 유모가 데려다가 힘들고 고생스럽게 길러 냈다. 어린 시절 유모가 실수로 눈을 찌르는 바람에 애꾸가 되었다는 이야기가 있다. 궁예는 10여 세가 되었을 때 자신의 출생에 대한 이야기를 들은 후 머리를 깎고 중이 되었다.

강력한 호족이 되다

892년 궁예는 강원도의 호족인 양길의 부하가 되었다. 여러 전투에서 활약하며 군사들의 신임을 얻었고, 894년 양길에게서 벗어나 자신만의 세력을 다졌다. 896년 강력한 호족이었던 왕건이 부하로 들어오면서 더욱더 큰 힘을 얻었다.

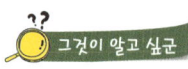 그것이 알고 싶군

후삼국 시대의 시작과 끝

후삼국 시대란 통일 신라, 후백제, 후고구려, 이 세 나라가 경쟁하던 시대를 말한다. 후삼국 시대는 고려가 한반도를 통일하면서 끝났다.

통일 신라	후백제	후고구려
• 시작: 문무왕이 백제와 고구려를 멸망시키고 676년 당나라를 몰아낸 후 시작됨. • 끝: 935년 신라 경순왕이 고려 왕건에게 항복함.	• 시작: 900년 견훤이 세움. • 끝: 935년 아들 신검에게 배신당한 견훤이 고려에 항복한 뒤, 936년에 망함.	• 시작: 901년 궁예가 세움. • 끝: 918년 왕건이 궁예를 몰아내고 고려를 세움.

궁예(?~918년)

후고구려의 시조.
신라 호족 출신으로
후고구려를 세움.

후고구려를 세우다

901년 스스로 왕이라 칭하며 후고구려를 세웠다. 고구려를 망하게 한 신라에 복수를 하겠다고 선언했다. 아마도 출생 당시 버림받은 것을 원망하여 이런 말을 한 듯하다. 후고구려는 이후 나라 이름을 마진으로, 다시 태봉으로 바꾸었다.

비참한 최후를 맞다

궁예는 시간이 갈수록 포악해지고 제멋대로 나라를 다스렸다. 백성들은 물론이고 부하 장수 중에도 불만을 가진 사람이 늘어났다. 몇몇 장수가 궁예 대신 왕건을 새 왕으로 추대할 계획을 세웠고, 계획은 성공했다. 궁궐에서 쫓겨난 궁예는 옷을 바꿔 입고 도망가다가 백성들에게 잡혀 죽었다고 한다.

> 세상에 이럴 수가

왕건은 궁예의 부하?

왕건의 집안은 송악의 유력한 호족이었다. 896년 궁예의 부하가 된 왕건은 전투에서 연이어 승리해 빠르게 승진했다. 겸손하고 너그러우면서도 강인한 왕건의 모습은 부하를 잔인하게 다루는 궁예와 대조적이었다. 결국 궁예의 부하들이 왕건을 왕으로 추대하였고 왕건은 새 나라 고려의 첫 왕이 되었다.

특종 한국사 24 - 왕건

왕건, 한반도를 통일하다!

왕건의 한반도 통일 비결

936년, 왕건이 통일 신라, 후백제, 후고구려로 나뉘었던 한반도를 통일했다. 왕건이 고려를 세우고 한반도를 통일할 수 있었던 비결을 궁예, 견훤, 호족을 통해 알아보자.

왕건(태조)
(877~943년)

고려 제1대 왕.
궁예의 부하로 있다가
부하들과 함께 고려를 세움.

1 동료와 부하를 인자하게 대하다

내 성격은 조금 교만하고 난폭해서 동료와 부하에게 괴팍하게 행동한 적이 많았지. 하지만 왕건은 아무리 계급이 오르고 권력이 커져도 늘 인자하게 행동했어. 그러니 내 부하들이 왕건을 따르겠다며 나를 떠났지!

2 상대를 포용하는 정책을 쓰다

나는 신라를 얻기 위해 신라 왕을 죽게 만들었어. 하지만 왕건은 신라를 너그럽게 껴안는 정책을 폈지. 그래서 신라의 왕, 신하, 백성들은 왕건을 인자한 지도자라고 생각했어. 결국 신라는 스스로 고려에 항복했지.

3 대화와 타협으로 사회를 통합하다

나라는 통일되었지만 사회까지 통합된 건 아니었어. 전국에 우리와 같은 호족 세력이 있었기 때문이지. 하지만 왕건은 힘으로 우리를 누르지 않고 대화하고 타협하려고 했어. 그러니 호족들이 하나둘 왕건의 신하가 되겠다고 했지. 이렇게 사회를 통합하면서 고려는 진정한 통일 국가가 되었어.

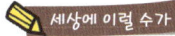

왕건의 부인이 29명이라니?

왕건의 부인이 29명으로 밝혀져 화제다. 게다가 슬하에 25명의 아들과 9명의 딸을 두었다고 한다. 그렇다면 왕건은 바람둥이였을까? 아니다. 왕건이 이렇게 많은 부인을 둔 데는 정치적인 이유가 있었다. 후삼국을 통일한 뒤 왕건에게 남겨진 가장 큰 고민은 호족을 고려 사회에 통합하는 것이었다. 그 해결책이 바로 혼인이었다. 여러 호족의 딸들을 아내로 맞아 호족을 사돈 관계로 만들어 고려에 협조하게 하려는 목적에서였다.

특종 한국사 25 - 광종

왕의 힘을 강하게 하라!

광종(925~975년)
고려 제4대 왕.
과감한 개혁 정치로 왕권 강화를 이룸.

📎 **광종의 과감한 개혁 정책**

과거 안내문

광종이 실시한 과거를 안내합니다.

- **응시 자격**: 노비가 아닌 보통 백성이면 누구나 가능
- **선발 벼슬자리**: 고급 관리
- **시험 과목**: 제술과(글짓기 시험)와 명경과(유교책을 해석하는 시험)
- **합격자 발표**: 답안지 채점 후 이틀 뒤 발표, 왕이 직접 합격증 하사
- **기타**: 관청에서 일하는 기술자를 뽑는 잡과도 함께 실시

특종 한국사 26 - 서희

거란을 돌려보낸 서희의 말은?

서희(942~998년)
고려 전기의 외교가. 거란이 침입했을 때 유리한 강화를 맺음.

✏️ 서희의 외교 담판

그것이 알고 싶군

고려는 왜 거란을 무시하는 외교 정책을 폈을까?

우리나라는 신라 시대부터 중국 한족이 세운 나라와 친하게 지내고, 반대로 유목 민족이 세운 나라는 멀리했다. 송나라는 한족이 세운 나라였고, 거란은 유목 민족이 세운 나라였다. 왕건도 이 전통을 이어받아 거란을 멀리했고, 이 전통이 성종 때까지 이어진 것이다.

특종 한국사 27 - 강감찬

강감찬의 고려군, 거란군 대파!

거란은 993년, 1010년, 1018년에 걸쳐 총 세 차례 고려에 침입했다. 3차 침입 때 거란은 10만 대군을 이끌고 고려에 쳐들어왔지만, 강감찬의 활약으로 크게 패하고 돌아갔다. 놀라운 강감찬의 승리 과정을 살펴보자.

1018년 12월

거란군의 총사령관 소배압이 10만 명의 병사를 이끌고 압록강을 넘어왔다. 거듭된 거란의 침입으로 교훈을 얻은 고려의 왕 현종은 거란의 침략에 대비하고 있었다.

현종: 고려 제8대 왕.

강감찬

1019년 1월

고려군의 총사령관 강감찬은 거란을 물리칠 작전을 짰다. 거란군을 지치게 하는 작전은 두 가지였다.

첫째, 식량 사정을 나쁘게 한다!
거란군이 지나는 길에 있는 마을 사람들을 성안으로 대피시키고 식량, 가축을 모조리 숨긴다.

둘째, 군사력을 조금씩 약하게 한다!
곳곳에 고려군을 매복시키고 기습 공격을 한다.

강감찬(948~1031년)

고려 초기의 명장.
흥화진과 귀주에서
거란군을 크게 무찌름.

📷 화제의 작전

강감찬의 '물 폭탄' 작전

바로 흥화진(지금의 평안북도 의주) 전투에서 이루어진 작전이다. 강감찬은 병사들을 동원해 큰 밧줄로 이은 쇠가죽으로 흥화진 주변의 냇물 상류를 막고, 고려군을 주변에 매복시켰다. 곧이어 거란군이 냇물을 건널 때 고려군은 쇠가죽을 연결한 밧줄을 끊었다. 물 폭탄이 거란군을 향해 쏟아졌다. 거란군이 물에 빠져 허우적거릴 때 고려군이 공격을 퍼부어 큰 피해를 입혔다.

📖 짤막 상식

별에서 온 그대?!

강감찬 장군의 출생지

낙성대 (落星垈)

낙성대는 별이 떨어진 자리라는 뜻으로, 하늘에서 큰 별이 떨어진 날 강감찬 장군이 태어났다고 하여 붙여진 이름이다. 현재 강감찬 장군의 동상과 사당이 남아 있다.

1019년 2월

강감찬의 작전은 적중했다. 시간이 갈수록 거란군은 사기가 떨어지고 지쳐 갔다. 결국 소배압은 후퇴를 결정했다. 이때 강감찬과 고려군은 귀주에서 거란군에 총공격을 퍼부었다. 10만 명의 거란 병사 중 살아서 돌아간 병사는 겨우 수천 명에 지나지 않았다. 이 싸움을 귀주 대첩이라고 한다.

특종 한국사 28 – 윤관

실패는 성공의 어머니로다!

✏️ 윤관과 별무반, 여진을 무찌르다

1107년 고려의 장군 윤관은 함경도 지역에서 여진을 격파했다. 윤관의 승리는 "실패는 성공의 어머니다."라는 말을 떠올리게 한다. 3년 전 윤관이 여진과의 전투에서 패한 적이 있기 때문이다. 고려와 여진의 1, 2차 전투 상황을 통해 윤관의 승리 과정을 알아보자.

> 다시 싸웠노라, 그리하여 이겼노라!

1차 전투(1104년) **대패**

- **패배의 원인:** 윤관은 여진군에 대해 잘 알지 못하고 전쟁터로 나갔다. 여진군은 기병, 즉 말을 타고 싸우는 병사가 주축이었다. 고려군은 보병, 즉 걸어 다니며 싸우는 병사가 주축이었다. 빨리 이동하는 기병이 유리할 수밖에 없었다. 결국 이 전투에서 고려는 군사의 과반수를 잃었다.
- **교훈:** 적을 알고 나를 알아야 승리한다!

> 마음만 앞선다고 되는 게 아니구나. 오늘의 패배를 언젠가는 되갚으리······.

2차 전투(1107년) **대승**

- **승리의 원인:** 1차 전투에서 얻은 교훈을 전투에 반영하여 별무반이라는 군대를 조직했다.
  - 별무반 ┌ 신기군: 말을 타고 싸우는 부대
  - ├ 신보군: 땅 위에서 공격하는 부대
  - └ 항마군: 주로 승려로 이루어진 특수 작전 부대
- **전투 준비:** 3년간 철저히 준비
- **결과와 교훈:** 여진의 근거지인 동북면 지역에 9성을 쌓았다. 한 번의 실패에 좌절하지 말자!

윤관(?~1111년)
고려의 학자이자 장군.
여진을 정벌하고 9성을 쌓음.

짧막 상식
여진, 그들은 누구인가?

예로부터 만주 동북쪽에 살던 민족으로, 고려 초기만 해도 그들의 힘은 약했다. 하지만 여진의 한 부족인 완안부에 의해 여진이 통일되면서 고려를 위협할 정도로 세력이 커졌다. 1115년 여진은 금나라를 세우며 중국 대륙의 일부를 차지하였다.

그것이 알고 싶군
아라비아 상인과 코리아(Korea)

고려 시대는 삼국 시대에 비해 다른 나라와의 교류가 활발한 편이었다. 당시 세계를 무대로 활발한 무역 활동을 벌이던 아라비아 상인들도 고려에 왔었는데, 이들에 의해 고려는 '코리아'라는 이름으로 세계에 알려지게 되었다.

> 코리아의 청자와 인삼은 여러 나라에서 인기가 좋습니다.

화제의 돈
새로운 엽전을 알리오!

1102년 숙종 임금이 화폐 유통을 촉진시키기 위해 엽전을 만들었소. 이름하여 '해동통보'! 해동은 예로부터 중국에서 우리나라를 부르던 이름이고, 통보는 널리 사용하는 돈이라는 뜻이오.

> 우리나라에서 처음 사용한 엽전이옵니다.

특종 한국사 29 – 최충헌

이제는 무신이 권력을 잡겠소!

📝 칼이 지배하는 시대가 열리다

1170년 무신(군사 일을 맡아보는 신하)들이 반란을 일으켜 문신(주로 글공부를 하고 나랏일을 맡아보는 신하)들을 죽이고 왕을 내쫓았다. 이때부터 약 100년간 무신들이 권력을 휘둘렀다. 칼이 지배하던 무신 정권의 역사를 살펴보자.

권력 다툼이 일어나다!

반란 후 무신들 사이에서 권력 다툼이 일어났다. 이의방은 이고를 죽였고, 정중부의 아들은 이의방을 죽였다. 이후 정중부가 권력을 잡았지만, 이내 청년 장군 경대승에게 권력을 빼앗겼다.

무신 정변 일어나다!

고려 제18대 왕 의종이 벌인 잔치에서 정중부, 이의방, 이고를 중심으로 무신들이 반란을 일으켰다. 이를 '정중부의 난'이라고 부른다. 무신들은 잔치에 참석한 문신들을 죽이고 의종을 내쫓고 명종을 왕 자리에 앉혔다. 하지만 명종은 꼭두각시였다. 이때부터 무신들이 나라를 이끌었다.

🔍 그것이 알고 싶군
무신들은 왜 반란을 일으켰는가

고려 시대에 무신들은 아무리 능력이 좋아도 높은 벼슬에는 오를 수 없었다. 오직 문신들에게만 가능한 일이었다. 점차 차별이 심해지면서 문신이 무신을 깔보는 풍조까지 생겼다. 이에 따라 무신의 불만은 점점 커지고, 곧이어 반란이 일어났다.

최충헌(1149~1219년)

고려 시대 무신 정권 집권자. 이의민을 죽이고 최씨 무신 정권을 확립함.

권력의 맛에 취하다!

경대승이 30세의 나이에 병으로 죽자 이의민이 권력을 잡았다. 천민 출신이었던 이의민은 권력의 맛에 취해 13년 동안 난폭한 독재 정치를 일삼았다.

최씨 무신 정권 시대 시작하다!

최충헌은 이의민을 제거하고 권력을 잡았다. 최충헌은 반대 세력을 감시하고 왕을 바꾸어 앉히는 등 치밀하게 권력을 지켰다. 최충헌과 그의 후손들은 60여 년 동안 권력을 틀어쥐고 고려를 지배했다.

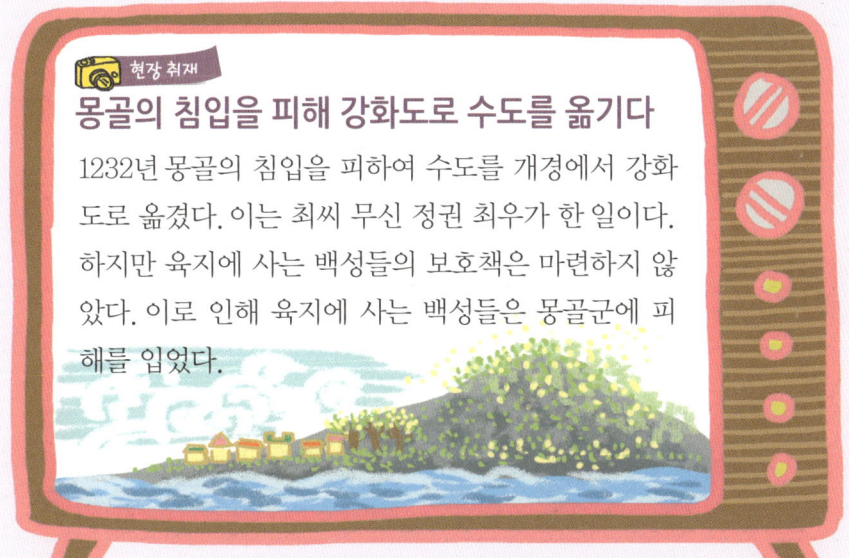

현장 취재

몽골의 침입을 피해 강화도로 수도를 옮기다

1232년 몽골의 침입을 피하여 수도를 개경에서 강화도로 옮겼다. 이는 최씨 무신 정권 최우가 한 일이다. 하지만 육지에 사는 백성들의 보호책은 마련하지 않았다. 이로 인해 육지에 사는 백성들은 몽골군에 피해를 입었다.

특종 한국사 30 - 만적

이제 세상을 뒤집어 보자!

만적(?~1198년)
고려 최충헌의 노비. 노비 해방을 위해 난을 일으키려고 함.

📜 노비의 반란

1196년 최충헌이 권력을 잡았다.
이제부턴 내 세상!
최충헌

최충헌 집안에 만적이란 노비가 있었다.
내 세상이야!
에구, 허리야. 하루 종일 땔감을 구해야 하는 내 신세가 처량하구나.

만적은 생각했다.
노비로 태어났다고 평생 노비로 사는 건 억울해.

고려에는 나 같은 노비가 천지다. 노비들의 힘을 모아 세상을 뒤집어 버리면 어떨까?
일 좀 해라!

1198년, 만적이 나무하러 산에 온 노비들을 불러 모았다.
여러분! 할 말이 있소. 얼른 이리로 모여 보셔.
뭐여~

노비 여러분! 왕후장상이란 말 들어 보셨소?
그야 제왕과 제후, 장수와 재상을 이르는 말 아녀?

맞소. 누구는 왕후장상으로 편히 살고 우리는 노비로 사는 게 불공정하지 않소?

어떡해. 노비로 태어난 게 죄지.
왕후장상의 씨가 따로 있는 게 아니오. 좋은 예가 있소.

최충헌 이전에 고려를 쥐락펴락했던 이의민을 보시오. 그는 천민 출신인데도 최고 권력자가 되었소.
진짜?
그런가?

반란이 실패하면 어떻게 될까?

왕이 다스리던 시대에 반란은 가장 큰 죄였다. 왕을 부정하는 짓이었기 때문이다. 정부는 반란의 주동자는 물론 참가한 사람도 사형시켰다. 그리고 그들의 재산을 몰수하고, 그들의 가족을 노비로 만들었다. 반란은 정치가 혼란스럽거나, 지도자가 무능하고 부패할 때 자주 일어났다.

특종 한국사 31 - 공민왕

원나라의 간섭에서 벗어나자!

📝 **개혁 정치를 펼친 공민왕 입장 발표**

친원파: 세상 편하게 살려면 힘센 쪽에 붙는 게 좋아요. 그러니 원나라에 충성해야 해요.

원나라 관리: 원나라는 쌍성총관부를 세워 고려의 화주(지금의 함경남도 영흥) 이북을 다스렸으니 이곳은 원나라 땅이다!

친원파 몰아내기
자존심도 없는 못난 자들! 원나라에 충성하는 대가로 벼슬을 하고 재산을 모은 자들을 가려서 몰아내라!

원나라가 차지한 땅 되찾기
무슨 소리! 그곳은 원래 고려의 땅이다! 쌍성총관부를 공격하여 우리의 땅을 되찾아라!

억울한 백성 도와주기
내가 백성의 고통을 잘 아노라. 이제 걱정하지 말라. 토지와 백성을 바로잡는 관아인 전민변정도감을 설치해 빼앗긴 땅을 돌려줄 것이다.

유학을 공부한 새로운 인재 선발하기
한탄하지 마라! 나는 과거를 통해 능력 있고 깨끗한 인재를 선발해 나랏일을 맡길 것이다.

고려 백성: 귀족들이 우리의 땅을 야금야금 빼앗았습니다. 땅을 빼앗긴 우리는 노비 신세가 되었습니다.

고려의 젊은 인재: 열심히 공부하면 뭐합니까? 좋은 벼슬자리는 원나라에 충성하는 자들이 다 차지하고 있는걸요.

공민왕(1330~1374년)
고려 제31대 왕.
원나라를 배척하고
자주적인 개혁 정책을 추진함.

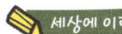 세상에 이럴 수가

고려의 왕은 원나라의 황제가 임명했다?

슬픈 역사지만 사실이다. 고려는 40여 년 동안 전쟁을 벌이며 몽골의 침략에 대항했지만 결국 굴복하고 말았다. 이후 고려는 몽골이 세운 원나라의 간섭을 받게 되었다. 원나라 황제가 마음에 안 들어 하면 어떠한 왕세자도 고려의 왕 자리에 오르지 못했다. 또한 고려 왕세자는 의무적으로 어릴 때 원나라에 가서 살아야 했고, 원나라 공주와 결혼을 해야 했다.

📷 화제의 노래
고려 시대의 대표적인 유행가
〈청산별곡〉
작자 미상

살어리 살어리랏다
청산(靑山)애 살어리랏다
멀위랑 다래랑 먹고
청산애 살어리랏다
(후렴)얄리얄리 얄랑셩 얄라리 얄라.(1연)

모두 8연으로 이루어진 이 노래에는 고달픈 삶을 살았던 고려 시대 사람들의 정서가 잘 나타나 있다.

📷 화제의 음식
새로운 음식이 들어왔다!

원나라가 고려를 간섭할 때 고려와 원나라 사이에는 문물 교류가 활발했다. 만두, 떡, 상추쌈, 유밀과(한과) 등 많은 고려의 음식이 원나라에 건너가 유행했다.

반대로 원나라에서 소주와 포도주가 고려에 전해졌다.

"얄리얄리 얄랑셩 얄라리 얄라~."

"맛있는 음식은 나눠 먹자해~."

특종 한국사 32 – 최영

고려는 내가 지킨다!

✏️ **용맹하게 전쟁터를 누비는 최영 장군**

고려 말기에는 외적의 침입이 잦았다. 북쪽에서는 홍건적이, 남쪽에서는 왜구가 쳐들어왔다. 이 어지러운 시대에 고려를 지키려고 평생 전쟁터를 누빈 사람이 있었다. 바로 최영이다. 최영은 수많은 전투에서 승리를 거둬 고려를 구했다. 최영이 승리한 기록을 살펴보자.

원나라 격파!
1356년 공민왕이 원나라가 다스리던 쌍성총관부를 되찾을 때 전투에 나가 공을 세웠다.

왜구 격파!
고려 말에는 일본에서 건너온 왜구의 침략이 잦았다. 최영은 1358년 오차포에서 왜구의 배 400여 척을 무찌르는 등 수차례 큰 공을 세웠다.

홍건적 격파!
홍건적은 원나라에 반란을 일으킨 한족의 무리로, 머리에 붉은 두건을 맸기 때문에 홍건적이라고 불렀다. 1362년 최영은 개경까지 침범한 홍건적의 무리를 물리쳤다.

고려 반란 세력 격파!
공민왕이 원나라로부터 독립하려 하자 이에 불만을 가진 세력이 나타났다. 이들은 1364년 공민왕을 암살하고 새로운 왕을 세우려 하였으나, 최영이 앞장서서 잡아들였다.

남자가 칼을 뽑았으면 무라도 썰어야지!

최영 (1316~1388년)
고려 말기의 이름난 장군. 고려를 지키기 위해 수차례 외적의 침입을 물리침.

🔍 사회 요런조런

작은 목화씨로 고려가 따뜻해지다!

1363년 원나라에 사신으로 갔던 문익점은 고려로 돌아오는 길에 목화씨 10여 개를 가져왔다. 목화의 솜털은 무명 옷감의 재료인데, 그동안 귀한 비단을 구하지 못한 고려의 일반 백성들은 홑겹, 삼베로 옷을 지어 입어 추위에 떨어야 했다. 하지만 문익점이 목화씨를 가져온 덕분에 고려 사람들도 따뜻한 무명옷을 입을 수 있게 되었다.

이제 고려인들도 따뜻한 솜옷을 입을 수 있겠구나!

📷 화제의 인물

칠전팔기의 정신을 보여 준 최무선 장군

많은 실패에 굴하지 않고 꾸준히 노력하는 것을 '칠전팔기'라고 한다. 이러한 칠전팔기 정신을 멋지게 보여 준 이가 있다. 바로 고려의 장군 최무선이다. 최무선은 수많은 실패를 맛보았지만, 결국 화약과 화약을 이용한 무기를 만드는 데 성공했다. 게다가 이를 이용해 왜구를 크게 무찌르기도 했다.

야호~ 드디어 성공이다!

📷 화제의 한마디

황금 보기를 돌같이 하라

이 말은 최영 장군의 아버지가 남긴 말로 최영 장군은 평생 동안 이 말을 가슴속에 품고 청렴하게 지냈다고 한다.

🔍 국제 정세

고려 1374년 공민왕이 죽은 후 정치가 불안해졌다.

중국 원나라 세력이 약해진 틈을 타 대륙 여기저기서 반란이 일어났다.

일본 정치가 혼란스러워 먹고살기 어려워진 일본 사람들이 도적이 되어 고려에 쳐들어왔다.

특종 한국사 33 - 정몽주

고려를 향한 일편단심!

정몽주(1337~1392년)
고려 말기의 충신. 혁명을 반대하고 끝까지 고려를 따름.

🖉 고려의 역사와 함께 사라진 정몽주

📷 화제의 시조

〈단심가〉
이 몸이 죽고 죽어 일백 번 고쳐 죽어
백골이 진토 되어 넋이라도 있고 없고
임 향한 일편단심이야 가실 줄이 있으랴.

정몽주가 이방원에게

이성계의 아들 이방원이 정몽주를 설득하자 정몽주가 답으로 지은 시조이다. 고려에 대한 충성이 담겨 있다.

특종 한국사 34 - 이성계

새로운 나라 조선은 이러하오!

이성계가 소개하는 새 나라

조선이라 하오

조선이란 이름은 우리나라 최초의 국가였던 고조선에서 따온 것이다. 고조선의 본래 이름도 조선이었는데, 이성계가 새로 조선을 세우자 단군이 세운 조선은 '옛날의 조선'이라 하여 고조선이라고 부르게 되었다.

수도는 한양이오

1394년 한양을 조선의 수도로 정했다. 한양은 한성이라고도 했는데, 땅의 모양새가 나라의 잘됨과 못됨에 영향을 미친다는 풍수지리 사상에도 꼭 들어맞았다. 또한 한반도의 중심에 있으며, 한강이 있어 교통이 편리하고, 북악산과 남산 등에 둘러싸여 있어 성을 지키기에도 안성맞춤인 곳이었다.

이성계(태조)
(1335~1408년)

조선 제1대 왕.
위화도 회군을 계기로 정권을 장악,
조선 왕조를 세움.

경복궁은 조선 제일의 궁궐이오

하늘이 내린 큰 복이라는 뜻을 지닌 경복궁은 1395년에 완성되었다. 이후 1592년 임진왜란 때 불에 타 없어졌다가, 고종 때인 1867년에 다시 지었다. 왕이 음식을 먹고 잠을 자던 일상 공간에서부터 신하들과 정사를 논의하던 장소까지 조선 시대 왕실의 다양한 건물을 볼 수 있다.

사대문
도성을 둘러싼 네 개의 출입문이오.

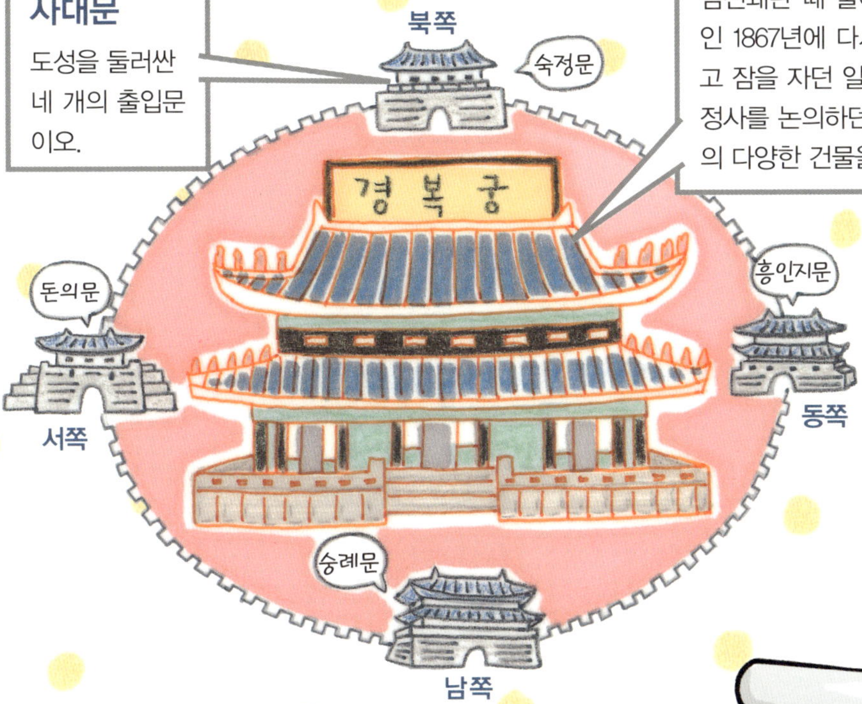

- 북쪽 – 숙정문
- 서쪽 – 돈의문
- 동쪽 – 흥인지문
- 남쪽 – 숭례문

조선은 성리학을 중요시했소

조선을 다스리는 근본 원리는 유교, 그중에서도 특히 성리학이었다. 성리학은 부모에게 효도하고 나라에 충성하는 것을 중요하게 여겼다. 왕은 성리학의 원리에 따라 '덕'으로 나라를 다스렸고, 백성에게도 그에 따른 예의범절을 지키도록 했다.

짤막 상식

묘호란? 왕이 죽은 뒤에 붙이는 이름으로 살아 있을 때 업적을 기리어 만든다.

조(祖): 나라를 세우거나 나라의 큰 위기를 극복한 왕.

종(宗): 왕위를 정통으로 계승하거나 덕으로 나라를 다스린 왕.

특종 한국사 35 - 이방원

기초가 튼튼해야 조선이 튼튼하지!

📝 **조선을 튼튼하게 만든 태종의 업적 4가지**

왕의 힘을 강력히!

- **왜?** 왕은 상징적인 지도자일 뿐 신하들이 나라를 이끌어야 한다고 주장하는 사람들이 있었다. 하지만 태종의 생각은 달랐다. 조선은 왕이 강력한 지도력으로 다스려야 한다고 생각했다.
- **그래서?** 왕보다 신하의 역할을 강조하는 사람들을 몰아내고 왕의 힘을 강화했다. 이후 강력한 왕을 중심으로 정치가 안정되었다.

법과 제도를 새롭게!

- **왜?** 태종은 새 나라에 맞게 법과 제도를 새롭게 마련해야 한다고 생각했다.
- **그래서?** 왕 밑에 여섯 개의 정부 기관을 두고 모든 일을 왕에게 직접 보고하도록 했다. 이를 6조라 하는데, 각 부서의 이름과 업무는 아래와 같다.
  - 이조: 관리 선발 및 임명
  - 호조: 경제
  - 예조: 교육 및 외교
  - 병조: 국방
  - 형조: 법률
  - 공조: 공업 및 건설

📷 왕실 특종

왕자들의 싸움

이성계의 왕자들 사이에서 누가 왕이 될 것인가를 두고 두 차례나 싸움이 일어났다. 이 사건을 '왕자의 난'이라고 부른다.

- **1차 왕자의 난: 이방석 vs 이방원**

이성계의 여덟째 아들 이방석이 세자로 정해지자 다섯째 아들 이방원은 자기가 거느린 군대를 동원해 이방석을 죽였다.

- **2차 왕자의 난: 이방간 vs 이방원**

이성계의 넷째 아들 이방간이 군사를 동원해 이방원을 몰아내려고 했으나 이방원이 선수를 쳐서 형의 군사들을 무찔렀다. 이로써 이성계의 다섯째 아들이었던 이방원이 왕이 되었다.

이방원(태종)
(1367~1422년)

조선 제3대 왕. 많은 업적을 쌓아 조선 왕조의 기틀을 세움.

경제를 안정적으로!

"인구를 알면 국가 예산을 잘 짤 수 있어."

- **왜?** 태종은 나라 경제를 안정시키고, 국가 예산을 짜임새 있게 운영하고자 했다.
- **그래서?** 세금을 걷기 위해 토지를 조사하였다. 나랏일을 시키기 편리하도록 인구 조사를 하여 16세 이상의 남자에게는 지금의 신분증과 같은 호패를 발급했다. 또 절이 가진 땅을 몰수하여 나라의 소유로 만들었다.

전국을 8도로!

- **왜?** 왕의 명령이 나라 전체에 잘 전달되고, 지방의 관리가 어떻게 일하는지를 왕이 잘 알아야 한다고 생각했다.
- **그래서?** 전국을 8도로 나누고 각 도에 관리를 파견하였다.

🐝 사회 요건조건

북을 울리시오!

1401년 태종은 궁궐 밖에 신문고라는 이름의 커다란 북을 달았다. 억울한 일을 당한 백성은 북을 쳐서 알리라는 뜻이었다. 취지는 좋았지만 효과는 없었다. 신문고를 울릴 수 있는 일은 자신이나 가족에 관한 것에 국한되었으며, 주인이나 상관을 고발하면 오히려 처벌을 받기도 했다.

특종 한국사 36 - 세종

백성을 사랑하는 마음을 담았소!

세종에게 듣는 한글의 우수성

훈민정음은 백성을 가르치는 바른 소리라는 뜻으로, 나 세종이 1443년에 만든 글자이다. 20세기 이후 '한글'이라고 부르지. 이제부터 한글의 우수성에 대해 말해 주겠다.

헤헤~ 참 쉽다!

배우기 쉽다

한글은 14개의 자음과 10개의 모음만 알면 불편함 없이 사용할 수 있다. 이에 비해 한자는 기초적인 한자 공부 책인 《천자문》의 글자 수만 해도 천 자다. 게다가 한자를 자유자재로 사용하려면 적어도 5000자를 알아야 한다. 하지만 한글은 이런 공부를 할 필요가 없다.

출판 선진국 조선

📷 화제의 책

세종은 조선을 강하게 하고 백성들의 생활을 편하게 해 주기 위해 많은 책을 펴냈다.

- 《농사직설》 경험 많은 농부들의 농사 정보를 담은 책.
- 《향약집성방》 조선에서 많이 나는 약재의 이용 방법을 설명한 책.
- 《삼강행실도》 충신, 효자 등의 이야기를 글과 그림으로 기록한 책.
- 《신찬팔도지리지》 조선 각 지방의 지리를 정리한 책.
- 《칠정산》 해와 달, 행성 등 천체의 움직임에 관한 책.

세종 (1397~1450년)
조선 제4대 왕. 훈민정음을 만들고 학문 연구를 장려함.

읽기 쉽다

영어 'head(헤드, 머리)'의 'ea' 발음은 'ㅔ'이다. 하지만 'heal(힐, 치료하다)'의 'ea' 발음은 'ㅣ'이다. 한글에는 이런 차이가 없다. 글자 그대로 읽기만 하면 된다. 또 한글에는 영어처럼 소문자, 대문자 구별도 없다.

표시하기 쉽다

한글은 말소리를 기호로 나타낸 표음 문자이다. 그래서 한글은 24개의 문자를 조합하여 약 11000개 정도의 소리를 문자로 표시할 수 있다.

자판 입력이 쉽다

한글은 컴퓨터 작업을 할 때도 편리한 문자이다. 번거로운 변환 작업 없이 자판을 치면 그대로 글자를 입력할 수 있다. 하지만 한자나 일본 글자 가나는 글자를 조합하거나 변환하는 과정을 거쳐야 할 때가 많다. 이러한 한글의 편리함은 한국을 인터넷 강국으로 만드는 데 큰 힘이 되었다.

📷 화제의 관아

세종의 두뇌 집단 집현전

집현전은 재주 많고 똑똑한 학자들이 모인 세종의 두뇌 집단이었다. 집현전이 하는 일은 다양했다. 학문 연구, 서적 출판, 법과 제도의 개선 책 연구, 외교 문서 작성 등이었다. 세종은 집현전 학자들의 재능을 활용하여 조선의 정치와 문화를 최고로 끌어올렸다.

특종 한국사 37 – 장영실

시선 집중! 장영실 발명품 전시회

나 장영실이 만든 발명품들을 소개하겠소.

자격루
물이 흐르는 것을 이용하여 시간을 알리는 장치이다. 일정한 시간마다 항아리에 물이 차면 막대가 떠올라 쇠구슬을 밀고, 이 쇠구슬이 떨어지면서 소리를 내어 시간을 알린다.

질문 있소!

장하오, 장영실!

📷 왕실 특종

장영실의 성공 뒤에는 세종이 있었다
장영실은 노비 출신의 기술자였다. 장영실의 재능을 알아본 세종은 장영실을 중국 명나라에 유학 보내 과학 기술을 배우게 하였다. 장영실이 돌아오자 노비에서 벗어나게 하고, 궁중 기술자로 일하게 했다. 장영실이 여러 가지 독창적인 천문 기계를 만들자 벼슬까지 주었다.

장영실(?~?년)
조선 세종 때의 과학자.
측우기, 자격루 등을 만들어
과학 발전에 공헌함.

앙부일구

지구를 반으로 자른 듯한 솥 모양의 해시계이다. 시각선과 계절선을 표시하였고 안쪽에 바늘을 달았다. 해의 위치에 따라 이동하는 바늘의 그림자로 시각을 알 수 있다. 앙부일구는 사람이 많이 다니는 서울 거리 두 곳에 설치하였다.

혼천의

천체의 위치와 움직임을 관측하는 장치이다. 밖에서부터 안쪽으로 지평선을 나타내는 둥근 고리와 자오선을 나타내는 둥근 고리, 하늘의 적도와 위도를 나타내는 눈금이 달린 원형의 고리를 짜 맞추어 만들었다.

측우기

비가 내린 양을 재는 기구로 세계 최초로 만들어졌다. 원통에 빗물을 받아 그 깊이로 비가 내린 양을 측정한다. 측우기를 통해 하천의 범람을 미리 알고 대처할 수 있었고, 한 해 농작물의 수확량을 짐작할 수 있었다.

짤막 상식

조선의 하루는 12시간

조선 시대는 하루를 12시간으로 나누었다. 즉 조선 시대의 1시간이 오늘날의 2시간인 것이다. 각 시 이름에는 십이지 동물 이름을 붙였다.

- 자시(쥐): 23~1시
- 축시(소): 1~3시
- 인시(호랑이): 3~5시
- 묘시(토끼): 5~7시
- 진시(용): 7~9시
- 사시(뱀): 9~11시
- 오시(말): 11~13시
- 미시(양): 13~15시
- 신시(원숭이): 15~17시
- 유시(닭): 17~19시
- 술시(개): 19~21시
- 해시(돼지): 21~23시

특종 한국사 38 – 세조

조카, 그 자리에서 물러나야겠어!

세조(1417~1468년)
조선 제7대 왕. 《경국대전》을 편찬하고 다양한 제도를 개혁함.

📝 단종을 몰아내고 왕이 된 세조

📷 화제의 인물

한번 임금은 끝까지 임금이오!

성삼문, 박팽년, 이개, 하위지, 유성원, 유응부는 세조가 왕위를 빼앗은 것에 분노했다. 1456년 그들은 세조를 죽이고 단종을 다시 왕으로 추대할 계획을 세웠다. 하지만 계획은 실패로 끝났고, 세조는 여섯 신하를 처형했다. 후세 사람들은 이 여섯 신하를 '사육신'이라고 부른다.

특종 한국사 39 - 성종

법에 따라 판결하겠노라!

✏️ 조선을 다스리는 경국대전

1485년 조선 시대에 통치의 기준이 된 법전 《경국대전》이 세상에 널리 알려졌다. 오늘날의 헌법과 비슷한 《경국대전》이 생김으로써 조선은 법전을 갖춘 수준 높은 문명 국가가 되었다. 《경국대전》 속 백성의 생활과 관계있는 몇 가지 법을 살펴보자.

혼인할 수 있는 나이

남자는 15세, 여자는 14세가 되어야 혼인할 수 있었다. 집안 어른들이 자녀의 약혼을 결정하는 것은 13세 때부터 가능했다.

조선을 다스리는 기준이 된 최고의 법전

경국대전

- 내용: 정부 조직이나 제도에 관한 법뿐만 아니라 백성의 생활에 관한 법도 포함되었다.
- 집필 기간: 조선 제7대 왕 세조 ~ 조선 제9대 왕 성종
- 집필 참여자: 높은 벼슬과 깊은 지식을 가진 신하들

성종(1457~1494년)
조선 제9대 왕.
숭유억불 정책을 추진하고
《경국대전》을 반포함.

아버지를 고발하면 사형

《경국대전》에 따르면 아들이나 손자가 아버지나 할아버지를 관청에 고발하는 것은 죄였다. 아버지나 할아버지가 실제 죄가 있든 없든, 고발한 자식에게 사형 판결을 내렸다. 단 나라나 임금을 배반하는 반역죄를 지었을 때는 괜찮았는데, 이는 모두 유교 질서를 유지하기 위해서였다.

영원한 빚

돈을 빌린 사람이 죽으면 아내나 자식이 대신 갚아야 했다. 단 아내나 자식에게 재산이 있는 경우여야 했고, 돈을 빌려 주었다는 증거 문서도 있어야 했다.

📷 **왕실 특종**

13세에 왕이 되다

세조의 손자인 성종은 13세의 어린 나이에 왕이 되었다. 앞선 왕인 예종의 아들이 불과 4세였기 때문이다. 성종도 어렸기 때문에 처음 7년 동안은 할머니인 정희 왕후 윤씨가 대신 나랏일을 돌보았다. 하지만 20세부터는 직접 나라를 다스리며《경국대전》을 완성하고, 조선의 땅 모양을 설명한《동국여지승람》을 편찬하는 등 여러 업적을 쌓았다.

✏️ **짤막 상식**

숭유억불(崇儒抑佛)

유교를 숭상하고, 불교를 억제한다는 뜻이다. 유교를 중요시한 성종은 승려들을 엄하게 통제하는 등 여러 가지 숭유억불 정책을 시행하였다.

특종 한국사 40 – 조광조

그자를 살려 두면 위험합니다!

조광조(1482~1519년)
조선 중종 때의 문신. 개혁을 추진하다가 죽임을 당함.

📝 급진적 개혁을 추진한 조광조

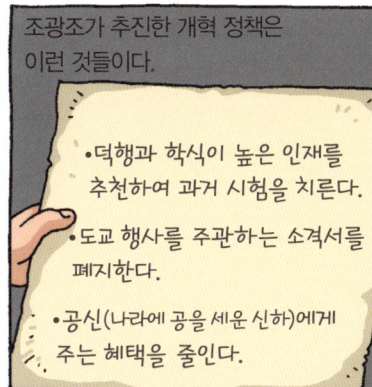

조광조가 주장한 왕도 정치란?

왕도 정치란 왕이 나라를 덕으로 다스려야 한다는 정치 사상이다. 조광조는 왕이 힘으로 나라를 다스리는 것을 막기 위해서는 신하의 역할이 중요하며, 훌륭한 신하는 왕에게 바른 소리를 하는 사람이라고 생각했다.

특종 한국사 41 – 이이

조선이 살길은 이렇습니다!

✏️ 병조 판서 이이의 개혁안 발표

군사와 국방을 책임지는 병조 판서가 된 이이는 조선 제14대 왕 선조에게 〈시무육조〉라는 글을 올려 군사력을 키워 전쟁에 대비해야 한다고 주장했다. 그 외에도 이이는 다양한 분야에 대한 개혁을 주장했다.

이이는 일본의 침략을 걱정했다. 그래서 십만 명의 병사를 길러 전쟁에 대비해야 한다는 '십만양병설'을 주장했다.

📷 화제의 인물
그 어머니에 그 아들

이이의 어머니인 신사임당은 아들 못지않게 유명하다. 훌륭한 어머니이자 아내이며 빼어난 예술가이기 때문이다. 신사임당은 시, 그림, 글쓰기에 두루 능통하였다. 신사임당이 남긴 풀벌레, 포도, 꽃 그림은 오늘날에도 절묘하고 빼어난 그림이라고 평가 받는다.

이이 (1536~1584년)
조선 중기의 문신이자 학자. 성리학의 한 학풍을 만들고 십만양병설을 주장함.

부정부패를 몰아내자!

백성이 나라에 바치는 지방의 특산물을 공물이라고 한다. 당시 많은 관리가 백성들의 공물을 대신 내주고 높은 대가를 받았는데, 이런 일을 막기 위해 이이는 제도 개혁을 주장했다.

파벌 정치를 개선하자!

조선 선조 때 궁궐의 신하들은 동인과 서인 세력으로 나뉘어 싸움을 벌였다. 이이는 서로를 비난하지 말고 대화를 통해 의견 차이를 줄여 나갈 것을 제안하였다.

감동을 준 이이의 장례식

1584년 이이는 개혁의 꿈을 다 이루지 못하고 죽었다. 그가 죽었다는 소식에 조문객이 구름처럼 몰려들었다. 조문객은 양반, 일반 백성 등 다양했지만 슬퍼하는 마음은 한결같았다. 감동적인 것은 이이 집안에 장례를 치를 재산조차 변변히 없었다는 점이다. 병조 판서 등 높은 벼슬을 했음에도 그의 집안이 가난했던 것은 이이가 깨끗하게 벼슬살이를 했다는 증거였다.

특종 한국사 42 - 이순신

죽고자 하면 살고, 살고자 하면 죽으리라!

📝 임진왜란과 이순신의 활약

1592년, 일본이 침략의 야심을 드러냈다. 일본의 지도자 도요토미 히데요시가 조선을 거쳐 명나라를 침략할 계획을 세운 것이다. 이윽고 그해 4월, 일본군이 부산진을 공격했다. 이 공격으로 시작된 전쟁은 이순신이 전사한 1598년에야 끝이 났다. 이를 임진년(1592년)에 일본이 일으킨 전쟁이라는 뜻으로 '임진왜란'이라고 부른다.

임진왜란 때 이순신은 수군 지휘관으로 수많은 전투에서 승리했다. 이순신의 활약으로 일본군에 밀리기만 하던 조선은 반격의 기회를 얻을 수 있었다. 바다를 통해 무기와 식량을 계속 공급하려던 일본의 계획이 실패한 것이다. 이순신은 거북선을 만드는 등 군사 시설과 장비 확충에 힘썼고, 임진왜란 때의 일을 간결하고 명료하게 기록한 《난중일기》를 남겼다.

조선의 바다는 우리가 지킨다!

거북선
이순신이 만든 거북 모양의 철갑선으로 등에 창검과 송곳이 있고, 앞머리와 옆구리에는 화포를 설치했다.

이순신(1545~1598년)
조선 선조 때의 무신.
군사 시설과 장비 확충에 힘쓰고,
임진왜란 때 많은 공을 세움.

이순신 장군의 승리 기록

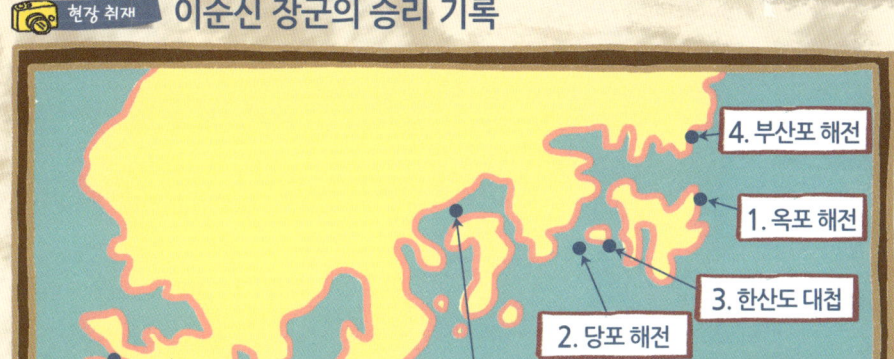

1. 옥포 해전 임진왜란 때 이순신의 첫 전투.
- 일자: 1592년 5월 7일
- 결과: 일본의 배 50여 척 중 26척 격침.

2. 당포 해전 당포에 정박 중인 일본군을 공격하여 벌어진 전투. 거북선이 선두에서 공격을 퍼부음.
- 일자: 1592년 6월 2일
- 결과: 일본의 배 21척을 모두 격침.

3. 한산도 대첩 유인 작전으로 일본군을 한산도 근처 바다로 끌어낸 뒤, 조선 수군을 학의 날개 모양인 학익진으로 배치하여 크게 이긴 전투. 크게 이겼다고 하여 한산 대첩 또는 한산도 대첩이라고 부름.
- 일자: 1592년 7월 8일
- 결과: 일본의 배 47척을 격침하고 12척을 사로잡음.

4. 부산포 해전 부산포에 일본 배가 있다는 첩보를 듣고 조선 수군이 대규모로 공격한 전투.
- 일자: 1592년 9월 1일
- 결과: 470여 척 중 100여 척 격침.

5. 명량 대첩 명량에서 단 13척의 배로 133척의 일본 배와 맞서 싸워 이긴 전투. 일본군을 물살이 센 울돌목(명량 해협)으로 유인하여, 일본의 배가 급류에 휩쓸릴 때를 기다려 공력을 퍼부음.
- 일자: 1597년 9월 16일
- 결과: 일본의 배 31척 격침.

6. 노량 해전 명나라군과 연합하여 일본으로 돌아가는 적군을 공격한 전투. 조선과 명나라군의 승리로 끝났지만 적군의 탄환에 맞아 이순신 전사함. 이순신은 군사들의 사기를 떨어뜨리지 않기 위해 "나의 죽음을 알리지 말라."라는 유언을 남김.
- 일자: 1598년 11월 19일
- 결과: 일본의 배 200여 척 격파, 100여 척 사로잡음. 조선의 승리로 임진왜란이 끝남.

특종 한국사 43 – 허준

나는 조선 최고의 의사!

> 신토불이! 조선 사람은 조선 땅에서 난 약재가 제일 잘 맞는 법.

저자 허준에게 듣는 《동의보감》 소개

- **저자** 허준
- **발간 연도** 1610년
- **저자의 말** 《동의보감》을 발간하기 전까지 조선의 의원들은 중국의 의학책을 참고하여 환자를 진료하고 약을 짓는 일이 많았어요. 하지만 저는 사람에게 생기는 병과 이를 고치는 약은 나라마다 조금씩 차이가 있다고 생각했고, 조선 사람에게 생기는 병은 조선에서 구하는 약재로 고치는 것이 효과적이라고 생각했어요. 그리고 조선 사람에게 맞는 의학책을 펴내면 백성들이 좀 더 쉽게 치료받을 수 있을 거라 생각하여 《동의보감》을 쓰게 되었어요.
- **내용** 25권으로 이루어진 종합 의학책으로 몸 안의 상태에 대한 내용을 담은 '내경편'과 몸 겉에 생기는 질병을 다룬 '외형편' 그리고 여러 가지 질병과 응급 요법을 다룬 '잡병편'과 구체적인 치료 방법을 담은 '탕액편'과 '침구편'으로 이루어져 있어요.
- **영향** 조선의 의료 기술을 한 단계 끌어올렸을 뿐만 아니라 당시 모든 의학책의 기준이 되었어요. 외국으로도 전해져 청나라와 일본에서도 여러 차례 출판되었어요.

허준(1539~1615년)
조선 선조 때의 이름난 의원. 임금을 치료하는 어의로 있으면서 《동의보감》을 완성함.

세상에 이럴 수가
신분의 한계를 뛰어넘다

허준은 서자였다. 조선 시대에는 양반은 정식으로 결혼한 아내 외에 다른 아내를 맞을 수 있었는데, 이런 여인이 낳은 자식을 서자라고 한다. 서자들은 벼슬이나 재산 상속 등에서 차별을 많이 받았다. 하지만 허준은 서자가 받을 수 있는 벼슬보다 더 높은 벼슬을 받았다. 허준의 치료를 받은 왕이 직접 벼슬을 내린 것으로, 신분의 한계를 뛰어넘은 일이었다.

그것이 알고 싶군
의원이 되려면?

조선 시대 때 권위 있는 의원은 궁궐에서 왕과 왕족의 건강을 챙기는 기관인 내의원의 의원이었다. 내의원 의원이 되려면 요즘의 의사 시험처럼 '의과'라는 시험에 합격하거나, 실력을 입증하여 벼슬이 높은 사람의 추천을 받아야 했다.

기필코 의과에 합격하겠어!

특보
유네스코 세계 기록 유산으로 지정된 《동의보감》!

《동의보감》은 2009년에 귀중한 기록물을 보존하기 위해 유네스코에서 선정하는 세계 기록 유산에 등재되었다. 《동의보감》이 지닌 역사적 가치와 의학적 가치, 문화적 가치 등을 인정받은 것이다.

오늘날까지 인정받는군요.

화제의 작물
새로운 식물을 소개합니다.

고추   호박

임진왜란을 전후하여 우리나라에 호박, 고추, 담배가 들어왔다고 한다. 특히 고추는 매콤한 맛을 내는 양념으로 한국인의 식생활에 큰 영향을 주었다.

담뱃대

특종 한국사 44 – 광해군

궁궐에서 쫓겨난 비운의 임금

광해군 (1575~1641년)
조선 제15대 왕. 명과 후금 사이에서 중립 외교를 펼침.

신하들의 반란

짤막 상식
광해군의 업적

광해군은 신하들의 반란으로 쫓겨났지만 왕으로서 여러 업적을 쌓았다.

- 경제: 여러 가지 공물을 쌀로 통일하여 바치게 한 대동법을 처음 실시했다.
- 사회: 전쟁으로 파괴된 창덕궁 등 궁궐을 재건했다.
- 외교: 중국의 명나라와 후금(청나라)의 다툼에 중립 외교로 평화를 유지했다.

특종 한국사 45 – 영조

고루고루 인재를 뽑아라!

전격 인터뷰-영조에게 직접 듣는 탕평책

기자 인터뷰에 응해 주셔서 감사합니다. 전하께서 왕이 되기까지의 이야기부터 들려주시지요.

영조 내가 왕이 되리라 예상한 사람은 거의 없었다. 나는 숙종 임금과 궁궐에서 일하던 궁녀 사이에서 태어났다. 어머니가 궁녀인 사람이 어찌 왕을 바랄 것인가. 하지만 운명은 묘한 것이다. 숙종이 돌아가신 후 배다른 형인 경종이 왕이 되었는데 몸이 약하고 자식도 없었던 경종은 나를 왕의 자리를 이어받을 왕세제*로 뽑았다. 그리하여 1724년 경종이 숨을 거두자 나는 왕이 되었다.

*왕위를 이어받을 왕의 아우.

기자 전하께서 추진하는 '탕평책'이 무엇이지요?

영조 탕평책이란, 당파에 얽매이지 않고 인재를 고르게 뽑는 정책이다.

🔍 사회 요런조런
엽전 사용 증가!

영조 시대에 조선 사람들은 물건을 사고팔 때 상평통보라는 엽전을 주로 이용했다. 고려 시대부터 정부는 여러 번 화폐를 만들었지만 널리 쓰이지 못했다. 물물 교환에 익숙한 백성들이 화폐 사용을 불편해했기 때문이다. 하지만 상업이 발달하면서 백성들도 화폐의 편리함을 깨달았다.

📷 화제의 음식
탕평채

영조가 탕평책을 논하는 자리의 음식상에 처음 올랐다는 데서 유래한다. 녹두묵과 여러 가지 나물이 고르게 잘 섞여 있다.

영조(1694~1776년)
조선 제21대 왕.
탕평책으로 당쟁 제거에 힘쓰고,
균역법 시행 등 업적을 남김.

🐱 **기자** 탕평책을 추진하는 이유가 궁금합니다.

🐱 **영조** 내가 왕이 되기 전부터 조정의 신하들은 노론과 소론, 두 당파로 나뉘어 치열하게 권력 다툼을 벌였다. 권력 다툼으로 수많은 인재가 죽기도 했다. 나는 어느 한쪽의 힘이 지나치게 커질 경우 정치가 혼란에 빠질 거라 생각했다. 이를 막으려면 여러 당파의 인재를 균형 있게 선발해야 한다고 확신했다. 각 당파 사이에 힘의 균형이 생기면 정치가 안정될 거라고 본 것이다. 그래서 탕평책을 추진하는 것이다.

이제 알겠느냐?

📷 **화제의 작물**

고맙구나, 고구마야!

흉년 때마다 굶을 걱정에 시달리던 백성에게 반가운 일이 생겼다. 1763년 사신으로 일본에 간 조엄이 고구마를 가져온 것이다. 고구마는 흉년 때 굶주림을 면할 수 있게 해 주는 구황 작물로 그 역할을 톡톡히 했다.

특종 한국사 46 – 김홍도

천재 화가 김홍도의 작품 속으로!

풍속화, 백성이 주인공이 되다

〈씨름〉, 김홍도
©국립중앙박물관

사람들이 모여 앉아 씨름을 구경하는 장면이에요. 상대를 맞잡은 두 씨름꾼을 중심에 놓고 구경꾼들을 주변에 배치한 좋은 구도의 그림이지요. 등장인물의 표정 좀 보세요. 이를 앙다문 씨름꾼, 몰입해서 경기를 보는 사람, 씨름에는 관심 없다는 듯한 엿 파는 아이의 표정 등 아주 다채로워요.

김홍도 (1745~?년)

조선 영·정조 때의 화가. 풍속화의 새로운 경지를 개척함.

〈조선 화가 3인의 대표작〉

조선에는 김홍도 못지않게 유명한 화가가 많았다. 정선, 신윤복, 윤두서 같은 화가들이다. 세 사람의 대표작을 감상해 보자.

〈인왕제색도〉, 정선

한양 근처에 있는 인왕산을 그린 그림이다. 정선은 우리나라 자연을 소재로 다양한 산수화를 그렸다.

〈미인도〉, 신윤복

신윤복은 풍속화로 유명하다. 특히 음악과 춤으로 술자리의 분위기를 돋우던 기생을 소재로 한 그림을 많이 그렸다.

〈자화상〉, 윤두서

윤두서는 시, 그림, 글씨에 모두 능한 서화가였다. 강렬하고 정교한 이 그림은 조선을 대표하는 초상화이다.

그것이 알고 싶군 김홍도의 일생

- 1745년에 태어나 당시의 뛰어난 화가이자 선비, 평론가였던 강세황에게 그림 수업을 받았다.
- 1773년, 영조의 초상화를 잘 그려 솜씨가 널리 알려졌다.
- 그 후 정조의 신임과 인정을 받아 벼슬을 받고 나라의 그림 일을 도맡았다.
- 《단원풍속도첩》에는 〈씨름〉 외에 〈대장간〉, 〈새참〉, 〈서당〉, 〈우물가〉 등 스물다섯 점의 그림이 들어 있다. 조선 시대 다양한 서민의 모습을 볼 수 있다.

특종 한국사 47 – 정조

조선의 개혁 군주라오

✏️ 정조의 위대한 업적 3가지

"학문 발전, 인재 양성에 힘쓴 왕이었죠."

전하께서는 왕세손 시절부터 공부를 좋아했습니다. 전하께서는 즉위하신 1776년 규장각을 새롭게 하고 인재를 모아 학문 연구, 책 출판, 법과 제도 연구 등을 하였습니다. 전하께서는 종종 규장각을 방문해 연구에 몰두하는 신하들을 격려했지요. 또 그들과 밤을 새워 토론도 하였습니다. 아, 지금도 전하와 같이 토론했던 기억이 생생합니다.
– 서이수(규장각 관리)

"상인들의 자유로운 경쟁을 허락하셨어요."

1791년을 잊을 수 없습니다. 전하께서 이해에 시전의 특권을 폐지하였어요. 시전이란 정부에서 허가한 한양 시내의 가게를 말해요. 시전 상인들은 정부에 세금이나 물품을 내고 한양에서 독점으로 장사할 수 있었어요. 전하께서는 시전 상인들이 누리는 특혜가 경제 발전을 가로막는다고 생각해, 시전의 특권을 폐지했습니다.
– 김돌쇠(한양 소상인)

정조(1752~1800년)

조선 제22대 왕. 실학을 발전시켜 조선 후기 문화의 황금시대를 이끎.

"늘 백성의 소리에 귀 기울였죠."

훌륭한 지도자는 백성과 소통을 잘해야 합니다. 전하는 '소통왕'이었어요. 상언 제도와 격쟁 제도를 활발히 시행한 것만 보아도 알 수 있죠. 상언은 백성이 억울한 일을 당했을 때 문서로 호소하는 겁니다. 격쟁은 억울한 일을 당한 백성이 길을 지나는 왕 앞에 나가 꽹과리를 울리며 억울함을 호소하는 제도입니다. 전하는 지방 백성의 목소리에도 귀를 기울였습니다.

– 윤달수(화성 백성)

짤막 상식 수원 화성

수원 화성은 정조가 경기도 수원시에 쌓은 도시 성곽이다. 약 2년 8개월 만에 완성했다. 정약용이 만든 활차와 거중기를 이용하는 등 당시 과학 기술의 성과를 잘 보여 준다. 벽돌과 돌, 흙과 나무 등 다양한 재료를 조화롭게 사용하여 우리나라 성곽 건축 기술 역사에서 중요한 위치를 차지한다. 1997년에 유네스코 세계문화유산으로 지정되었다.

그것이 알고 싶군 갑작스러운 정조의 죽음

1800년 정조는 갑자기 병으로 죽었다. 평소에 건강하던 정조가 49세의 나이로 죽자 개혁에 반대하는 세력이 왕을 독살했다는 소문이 돌았다. 진실은 밝혀지지 않았다. 정조가 죽은 후 11살 아들인 순조가 왕이 되었다. 이때부터 조선은 점점 약해지게 되었다.

특종 한국사 48 – 박지원

화제 만발! 청나라 이야기

📜 박지원의 청나라 여행 기록

1780년 선비 박지원은 조선을 떠나 청나라의 여러 곳을 여행하고 돌아왔다. 박지원은 여행에서 보고 들은 것을 《열하일기》란 책으로 발표했다. 박지원의 여행 일지를 따라가 보자.
(103쪽에서 출발!)

8월 5일 북경에서 열하로 출발

조선의 사신 일행은 청나라 황제가 북경에 있는 줄 알았다. 그런데 황제는 더위를 피해 열하 지방에 있었다. 그들은 나흘 동안 잠도 못 자고 열하로 가야 했다.

지식과 정보는 나눌수록 좋은 법, 청나라에서 본 걸 책으로 써야지!

8월 9일 열하 도착

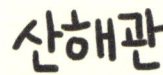

7월 23일 산해관 도착

8월 1일 북경 도착

박지원은 여행길에서 청나라 선비들과 대화한 내용을 《열하일기》에 기록했다. 중국어를 몰랐던 박지원은 종이에 한자를 써서 뜻을 전달하는 방법으로 대화했다.

박지원이라 하오.

니하오! 반갑다 해.

산해관을 보니 청나라가 얼마나 큰지 알겠구나.

📜 짤막 상식 《열하일기》는 당시에 인기 도서였다?

재미있고 깊은 사상이 담긴 《열하일기》는 우리 민족의 고전이다. 박지원은 청나라에서 보고 들은 것 외에 자기의 사상, 시, 소설까지 기록했다. 이 책은 나오자마자 큰 인기를 끌었다. 《열하일기》에 담긴 내용은 실학 발전에도 영향을 주었다.

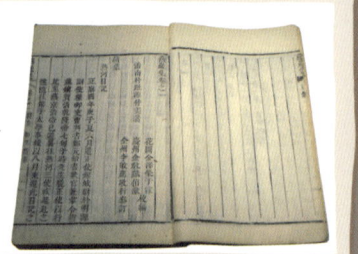

박지원 (1737~1805년)

조선 정조 때의 문장가, 실학자. 청나라 기행문 《열하일기》를 쓰고 유려한 문장으로 이름을 떨침.

화제의 인물 — 박지원의 친구들

- **홍대용**: 지구가 하루에 한 번씩 돈다는 지전설을 알아내 과학 발전에 공헌하였다.
- **이덕무**: 왕실 도서관인 규장각에서 일하면서 많은 책을 펴냈다.
- **박제가**: 상공업을 발전시켜 조선 경제를 개혁해야 한다고 주장했다.

"청나라 사람들은 벽돌로 건물을 짓는구나. 조선도 이걸 배워야 해."

심양
7월 10일 청나라 땅 심양 도착

압록강
6월 24일 압록강 건너다
"장마 때문에 강물이 불어 물살이 거세구나."

출발 — 한양
5월 25일 한양 출발

"출발! 여행에서 보고 들은 걸 다 기록할 테다."

박지원은 오래전부터 중국 여행을 하고 싶었다. 친척 형이 청나라 황제의 생일을 축하하는 사신으로 가게 되었는데 이때 박지원은 사신 일행을 따라갔다.

특종 한국사 49 – 정약용

실학은 내 손안에 있소이다

✏️ 정약용의 밑줄 쫙 실학 특강

정조가 아꼈던 신하인 정약용은 조선 후기를 대표하는 실학자이다. 정약용의 업적을 이해하려면 실학에 대해 알아야 한다. 정약용의 설명을 통해 실학이 어떤 학문인지 알아보자.

실학은 조선의 정치, 경제, 사회를 개선하는 방법을 연구한 학문이랍니다.

지방 관리들은 명예와 부를 탐내지 말고 백성을 아끼고 봉사해야 한다!

조선

유교국가

목민심서

예절과 형식이 제일 중요한데! 에헴!

쯧쯧, 성리학만이 옳은 학문이란 것을 잊었소?

정약용 (1762~1836년)
조선 후기의 학자. 실학을 계승하여 집대성했고 《목민심서》 등을 저술함.

1교시 실학이란?

조선은 유교 국가였어요. 유교 중에서도 특히 성리학은 예절, 형식을 중요하게 생각했는데 많은 학자들이 여기에 빠져 현실적으로 조선 발전에 도움이 되는 학문 연구는 게을리했어요. 이때 개혁적인 선비들이 조선의 정치, 경제, 사회를 개선할 수 있는 방법을 연구한 거지요. 조선 후기에 나타난 이 사회 개혁 사상을 '실학'이라고 합니다.

2교시 실학의 분야는?

실학은 무척 범위가 넓어요. 정치사상, 과학, 지리, 경제, 역사 등으로 나눌 수 있어요. 나 정약용은 특히 농사와 토지 제도 개혁이 중요하다고 생각했어요. 나는 많은 책을 썼는데 그중 유명한 것은 《목민심서》입니다. 지방 관리들의 잘못된 점을 비판하고 지켜야 할 바를 설명한 책입니다.

3교시 유명한 실학자?

최초로 실학사상을 발전시킨 사람은 17세기에 《반계수록》이란 책을 쓴 유형원이에요. 이어서 이익이란 학자가 나타나 많은 제자를 길렀어요. 그리고 나 외에도 홍대용, 박지원, 박제가 같은 유능한 실학자가 활동하였답니다.

4교시 실학자들의 주제는?

실학은 크게 농업을 중요하게 생각한 중농학파와 상공업을 중시한 중상학파로 나뉘었어요. 조선은 농업이 중심인 나라였기 때문에 농사와 토지 제도를 개혁하는 것이 중요했지요. 또 상공업의 발전도 급한 일이었어요. 방법은 서로 달랐지만 백성이 잘사는 방법을 연구한 것은 같았답니다.

나는 최초로 실학을 발전시킨 유형원이라오.

나 이익은 유형원의 사상을 계승하였지요.

우린 상공업의 중요성을 강조한 홍대용, 박지원, 박제가라오.

특종 한국사 50 - 김정희

그림과 글씨는 내가 최고!

> ✏️ **추사 김정희 전시회**

〈세한도〉 설명 겨울의 소나무와 잣나무를 그린 그림이다. 두 나무를 그린 것은 겨울에도 푸름을 잃지 않는 이 나무들이 변치 않는 지조를 상징하기 때문이다. 김정희는 이 그림을 통해 선비의 지조를 예찬하고, 권력의 변화에 따라 권력을 좇는 가벼운 세상 사람들을 비판하였다. 풍경을 아름답게 꾸미지 않고 극도로 절제하여 그린 것이 파격적이다.

> 📷 화제의 글씨 **추사체**
>
> 김정희는 어릴 때부터 글씨를 잘 쓰기로 유명했다. 김정희는 중국의 서예 대가들을 연구하고 그들의 장점을 모아 자신만의 독창적이고 개성 있는 서체를 만들었다. 그 서체를 김정희의 호 '추사'를 따서 추사체라고 한다.

김정희 (1786~1856년)
조선 후기의 학자, 서예가. 추사체를 완성하고 실사구시를 주장함.

작품 속에 담긴 이야기 김정희에게는 이상적이라는 제자가 있었다. 김정희가 벼슬에서 쫓겨나 제주도에서 유배 생활을 할 때 이상적은 스승에 대한 의리를 저버리지 않았다. 역관(통역사)이었던 이상적은 청나라에서 귀한 책을 구해 스승에게 전해 주기도 했다. 이 그림은 김정희가 이상적의 의리에 대한 답례로 그려 준 것이다.

그것이 알고 싶군 왜 유배를 갔을까?

조선 시대에는 특별한 죄를 짓지 않았지만 권력자의 미움을 받아 유배를 간 사람이 많았다. 김정희도 그런 경우였다. 김정희의 아버지 김노경은 1830년 탄핵을 받아 4년간 유배를 갔다가 풀려났다. 그로부터 10년 후 이번에는 김정희가 아버지 사건에 책임이 있다는 이유로 유배를 갔다. 죄를 지은 것이 아니라 그를 미워한 정치 세력이 억지로 벌을 준 것이다.

특종 한국사 51 – 김정호

조선 땅은 내 발아래 있소이다

📝 김정호의 〈대동여지도〉 탄생기

김정호는 조선이 낳은 최고의 지리학자이다. 그가 만든 〈대동여지도〉는 조선 시대에 가장 정확하고 과학적인 지도였다.

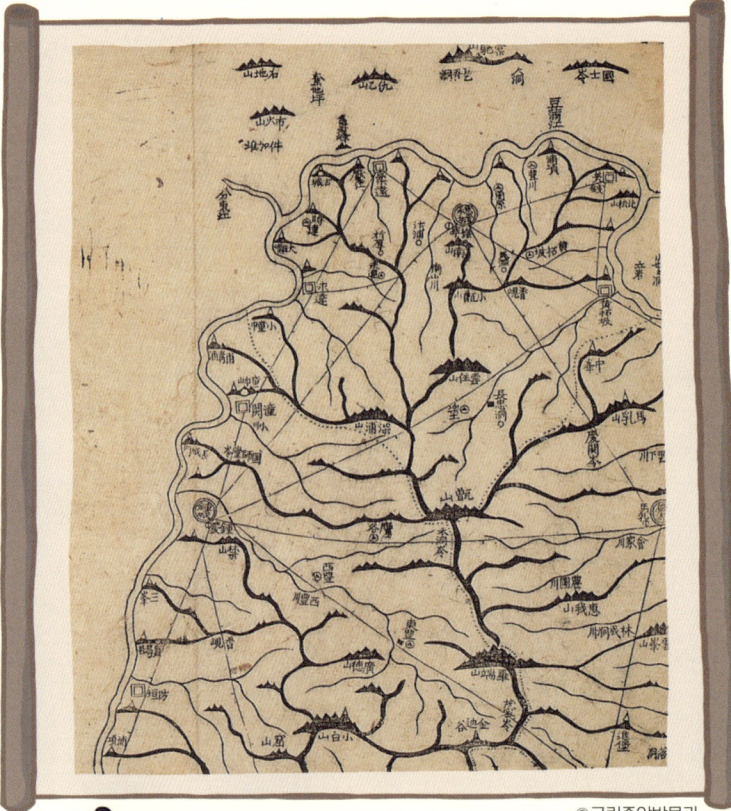

ⓒ국립중앙박물관

제작 연도 1861년

형태 나무에 지도를 새긴 후 이를 인쇄한 목판 지도다. 실제 거리를 16만분의 1로 축소하여 표시하였고 지도를 다 펼칠 경우 길이가 약 7m, 폭이 약 4m가 된다.
김정호는 지도를 보관하거나 들고 다니기 편하게 하려고 조선의 남북을 22개, 동서를 19개 부분으로 나눠 목판을 만들었다. 또 종이에 인쇄한 후 접을 수 있게 하였다.

108

김정호 (?~?년)

조선 후기의 지리학자. 전국을 돌아다니며 조사하여 〈대동여지도〉를 만듦.

그것이 알고 싶군
김정호의 생일은 언제?

김정호는 1800년대 초반에 태어난 것으로 알려져 있을 뿐, 정확한 생년월일은 알려져 있지 않다. 김정호의 집안이 평범하고, 높은 벼슬을 하지도 않았기 때문이다. 또한 당시에는 지도나 지리학자에 대한 사회적 인식이 낮았기 때문에 더욱 김정호에 대한 정확한 자료는 남아 있지 않다.

사회 요런조런
노랑머리 외국인이 나타났다!

19세기 조선의 바닷가에 낯선 배, 낯선 사람들이 나타났다. 대포를 설치한 배와 노랑머리 외국인들이었다. 조선에서는 정체를 알 수 없는 이 배를 '이양선'이라고 불렀다. 이양선은 모양이 다른 배라는 뜻으로, 주로 쇠로 만든 외국의 철선을 말한다. 이양선을 타고 온 서양인은 총을 든 사람을 육지로 보내 조선 백성을 위협하기도 했다. 1866년 미국 배 제너럴셔먼호 선원들이 평양에서 행패를 부리다가 공격을 받아 불에 타 침몰하는 사건도 일어났다.

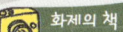 화제의 책
《대동지지》
- 김정호가 쓴 지리책.
- 분량: 32권 15책
- 내용: 수도 한양과 조선 8도의 역사, 지형, 인구, 논과 밭의 넓이 등을 설명.

정확도 〈대동여지도〉에는 조선의 중요한 산줄기와 물길이 자세히 나와 있다. 고을 사이의 거리도 표시하였다. 또 한양으로 통하는 큰 도로 외에 지방과 지방을 연결하는 작은 도로까지 표시하였다. 각 지방의 성, 창고, 역참(공공 업무를 수행하는 교통 통신 기관), 봉수대(산꼭대기에서 불과 연기로 신호를 보내는 군사 장치) 등 주요 시설을 자세히 기록하였다. 기호를 활용하거나 선의 굵기로 산맥의 크기를 나타내는 등 시대를 뛰어넘은 지도라는 평가를 받는다.

특종 한국사 52 – 최제우

동학을 믿으시오!

📝 최제우 전격 인터뷰

조선 후기, 왕권이 약해지고 백성이 살기 힘들어지면서 새로운 종교와 사상이 나타났다.
최제우는 새로운 종교인 동학을 만들어 백성들에게 지지를 받았다.

교주님이 어떤 분인지 궁금합니다.

세상에는 여러 학문이 있구나.

난 1824년 경주의 가난한 양반 집안에서 태어났소. 어릴 때부터 책을 파고든 나는 세상이 어지럽고 백성이 괴로운 현실이 가슴 아팠습니다. 어떻게 하면 불쌍한 백성을 구할 것인가를 고민했죠. 그래서 이름도 제우(濟愚: 어리석은 백성을 구한다.)로 바꿨습니다.

동학은 언제 만들었나요?

우르릉 쾅

앗, 이 목소리는?

1860년 갑자기 몸이 떨리고 공중에서 천지가 진동하는 소리가 들렸습니다. 이후, 1년간 도를 닦아 많은 것을 깨닫고 만든 종교가 동학입니다.

❓ 그것이 알고 싶군

조선 정부가 최제우를 죽인 까닭은?

조선 정부는 차별 없는 세상을 주장하는 동학이 위험하다고 생각했다. 동학이 널리 퍼지면 신분 사회인 조선이 흔들릴 수도 있기 때문이었다. 동학을 믿는 신자가 크게 늘어나자 정부는 최제우를 체포했다. 그리고 사도 난정, 즉 간사한 가르침으로 세상을 어지럽혔다는 죄를 물어 사형시켰다.

최제우 (1824~1864년)
동학의 창시자.
사도 난정 죄목으로
체포되어 참형당함.

동학이 어떤 종교인지 가르쳐 주세요.

우리 것이 좋은 것!

나는 서양에서 들어온 서학(천주교)이 우리 풍습과 맞지 않는다고 생각했소. 내가 깨달은 것은 우리 민족 고유의 종교이니 '동학'이라고 이름 지었습니다. 동학이 모시는 신은 한울님(하느님)입니다. 한울님 앞에서는 신분 차별이 없습니다. 누구나 한울님을 마음으로 받아들이면 신분이나 계급을 초월하여 평등하다는 것이 동학의 기초 사상입니다.

앞으로의 목표는 무엇인가요?

동학을 널리 전하는 게 인생 목표입니다. 동학을 믿는 사람이 많아질수록 나라에도 도움이 된다고 생각합니다. 동학에서는 보국안민(나라를 구하고 백성을 편안하게 함)을 매우 중요하게 생각하니까요.

🔎 사회 요런조런

서학도 널리 퍼지다

동학이 창시되었을 때 서학(천주교)도 빠른 속도로 퍼지고 있었다. 조선 백성들이 천주교에 빠져든 것은 하느님 앞에서는 모두가 평등하고 신앙생활을 잘하면 죽어서 천당에 갈 수 있다는 사상 때문이었다. 조선 정부에서는 조상에게 제사를 금하는 서학이 유교의 예법에 어긋난다고 생각하여 법으로 금지하였다.

특종 한국사 53 - 흥선 대원군

가난한 왕족, 최고 권력자 되다

흥선 대원군 (1820~1898년)
조선 고종 때의 정치가. 아들 고종을 대신하여 나라를 다스림.

📜 흥선 대원군의 인생 역정

순조가 즉위한 1800년부터 헌종, 철종 때까지 세도 정치가 활개 쳤다.

힘들어

세도 정치=왕의 친척 집안이 권세를 잡고 나라를 다스리는 것.

세도 정치 가문 중 가장 강한 가문은 안동 김씨 가문이었다.

우리가 제일 잘나가!

안동 김씨

1860년대 초의 어느 날, 안동 김씨 집에서 잔치가 벌어졌다.

풍악을 울려라!

초라한 차림의 한 선비가 잔칫집에 왔다.

뉘신지?

나는 왕족 이하응이라 하오.

왕족이란 왕 가문의 사람이라는 뜻이다. 그럼 이하응은 어떤 사람일까.

나 왕족.

조선 제21대 왕 영조의 아들의 아들의 아들 즉 증손자 중에 남연군이란 사람이 있었다.

난 남연군의 넷째 아들이오.

그게 뭐야?

왕족은 왕족인지라 이하응은 간신히 잔칫집에 들어갈 수 있었다.

쳇! 저런 남루한 자도 왕족이라니, 쌔고 쌘 게 왕족이구나.

잔칫날 이하응은 제멋대로 놀았다.

나는 술이 좋아. 붓고 마시고! 또 붓고 마시고!

안동 김씨 사람들이 이하응을 보았다.

저자는 누군가?

왕의 먼 친척인 이하응이란 자요.

노는 꼴을 보니 별 볼 일 없는 자로군.

*왕이 후사가 없이 죽고 종친 중에서 왕위를 계승할 경우에 새로운 왕의 생부에게 주던 존호.

사회 요런조런

흥선 대원군의 통상 수교 거부 정책

흥선 대원군의 시대에는 이양선이 자주 나타나 항구를 개방하고 교류할 것을 요구했다. 흥선 대원군은 나라의 문을 닫고 서양 강대국의 요구를 거절하는 외교 정책을 추진했는데 이를 '통상 수교 거부 정책'이라고 한다. 반대로 서양의 선진 기술을 적극 받아들여야 한다고 주장한 이들을 개화파라고 한다.

특종 한국사 54 – 김옥균

조선은 개혁이 필요하오!

갑신정변, 숨 막혔던 3일의 기록

1884년 음력 10월 17일, 김옥균을 비롯한 개화파 관료들이 갑신정변을 일으켰다.

10월 17일 군사 정변이 터졌다!

경복궁 근처에서 우정국(지금의 우체국) 완성을 축하하는 잔치가 열려 많은 관료가 참여하였다. 갑자기 우정국 옆집에서 불길이 치솟았다. 이것을 신호로 개화파 관료들이 동원한 병사들이 청나라와 결탁한 정부 고관들을 살해하였다. 군사 정변 지도자인 김옥균은 궁궐로 달려가 조선 왕 고종에게 나라를 위해 청나라 세력을 몰아냈음을 알리고 정권을 장악했다.

10월 18일 새로운 정부가 탄생했다!

정권 장악에 성공한 개화파는 개화파를 중심으로 새로운 정부를 구성하고 개혁안을 작성했다. 살해당한 정부 고관들은 고종의 왕비인 명성 황후를 따르는 세력이었다. 자기 권력이 약해질 것을 걱정한 명성 황후는 개화파를 몰아낼 공작을 꾸몄다. 그래서 청나라 외교관에게 군대를 동원해 개화파를 진압해 달라고 요청했다.

김옥균 (1851~1894년)

조선 고종 때의 정치가. 갑신정변을 주도하여 개화사상 형성에 기여함.

짤막 상식 — 14개 개혁안

개화파가 주장한 14개 개혁안에는 자주적으로 부강한 근대 국가를 건설하려는 뜻이 담겨 있었다. 그중 몇 가지만 살펴보면 다음과 같다.

1. 청에 잡혀간 흥선 대원군을 돌아오게 하고 청에 바치는 조공을 없앤다.
2. 문벌을 폐지하여 인민 평등의 권리를 제정한다.
3. 토지와 관련된 조세 제도를 개혁하여 국가 재정을 넉넉하게 한다.

그것이 알고 싶군 — 개화파는 왜 갑신정변을 일으켰나

조선 말기 정부 안에는 개혁, 개방을 주장하는 젊은 관료들이 있었다. 이때 권력을 쥔 세력은 고종의 왕비인 명성 황후를 중심으로 한 민씨 세력과 개혁, 개방에 반대하는 수구파 관료들이었다. 이들은 스스로 나라의 일을 결정하기보다 대부분 청의 간섭에 따라 움직였다. 세력이 약한 개화파는 청과 수구 세력을 일거에 몰아내려고 갑신정변을 일으켰다.

현장 취재 — 갑신정변 이후의 김옥균

갑신정변 지도자는 김옥균, 박영효, 서광범, 서재필, 홍영식 등이었다. 총지휘자는 김옥균이었다. 갑신정변 실패 후 일본으로 망명한 김옥균은 10년간 그곳에 머물며 일본의 도움으로 다시 조선을 개혁하려 했다. 하지만 일본 정부는 김옥균을 섬으로 귀양 보내며 박해했다. 1894년 김옥균은 청나라 지도자를 만나기 위해 상해로 갔다. 이 정보를 입수한 민씨 세력은 상해에 홍종우라는 자객을 보냈다. 김옥균은 상해에서 홍종우에게 암살되었다.

10월 19일 — 3일 만에 물거품이 된 혁명

오후 3시경 청나라 병사 1500여 명이 고종이 머물고 있는 창덕궁을 포위했다. 청나라 군대는 궁궐을 지키던 개화파 병사들을 공격했다. 개화파 지도자인 김옥균, 박영효, 서광범 등은 잡힐 경우 반역죄로 죽을 게 뻔했기 때문에 일본으로 망명하였다. 이로써 개화파가 일으킨 갑신정변은 3일 만에 실패로 끝났다.

특종 한국사 55 – 명성 황후

1895년, 을미사변 일어나다!

✏️ 일본의 명성 황후 시해 사건

- **사건명:** 을미사변(을미년에 일어난 큰 재앙이라는 뜻이다.)
- **발생 일시:** 1895년 음력 8월 20일 새벽
- **상황:** 일본은 조선 침략에 방해가 되는 명성 황후를 암살하기로 계획했다. 조선에 근무하는 일본 공사 미우라 고로의 명령을 받은 일본 수비대와 폭력배들은 광화문을 통해 경복궁으로 침입했다. 궁녀와 내관들을 죽인 폭력배들은 명성 황후가 자는 방으로 쳐들어갔다. 이들은 명성 황후를 죽인 후 시체에 불을 지르는 만행을 저질렀다.

1895년 8월 20일 서

명성 황후 (1851~1895년)
조선 고종의 왕비.
친러시아 정책을 수행하다
을미사변 때 피살됨.

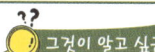

일본은 왜 그랬을까?

1895년, 명성 황후는 일본의 지배 야욕에서 벗어나기 위해 러시아, 미국의 도움을 받아 일본을 견제하는 외교 정책을 추진했다. 일본은 이러한 조선의 정책 때문에 조선 침략에 어려움을 겪었고 이를 만회하려고 악랄한 짓을 저질렀다.

🖊️ 짤막 상식 명성 황후의 일생

- 1866년, 16세에 고종의 왕비가 되었다.
- 1873년, 흥선 대원군을 물러나게 하고 남편 고종과 함께 정권을 잡았다.
- 1876년, 흥선 대원군의 통상 수교 거부 정책에 반대되는 개화 정책을 추진했다.
- 1882년, 임오군란 후에는 청나라의 도움을 받고, 1894년 청일 전쟁에서 청나라가 패한 후에는 러시아의 도움을 받아 일본을 견제하는 정책을 폈다.
- 1895년, 일본 폭력배의 칼에 시해되었다.
- 1897년, 명성 황후로 추존(높이 받들어 존경함) 되었다.

사회 요런조런 들끓는 민심

을미사변 소식을 들은 조선의 선비들은 일본군을 조선 땅에서 몰아내어 명성 황후의 원수를 갚을 것을 주장하였다. 여기에 친일 내각이 단발령(상투 풍속을 없애고 머리를 짧게 깎도록 한 명령)을 내리자 선비와 일반 백성들의 반일 감정은 더욱 고조되어 '을미의병'이 시작되는 계기가 되었다. 1896년 1월 전국 각지에서 본격적으로 일어난 의병은 일본을 편드는 지방 관리, 일본군, 일본군 주둔지와 시설을 공격하였다.

특종 한국사 56 – 전봉준

이렇게는 못 살겠다!

✏️ 조선을 뒤흔든 전봉준의 동학 농민 운동

1894년 전라도 고부 지방에서 농민들이 봉기를 일으켰다. 전봉준을 지도자로 하여 군수의 부정부패에 항거한 봉기는 다른 지방으로 퍼져 나갔다. 이 사건을 동학 농민 운동이라고 한다.

더 이상 못 참겠다!

전라도 고부 농민들이 부패한 군수 조병갑의 횡포를 더 이상 견디지 못하고 들고일어났다. 전봉준과 농민 지도자들은 군수를 쫓아내고 관아의 창고를 열어 빼앗겼던 곡식을 고부 사람들에게 나눠 주었다.

전주성 점령

빠르게 늘어난 동학 농민군은 당시 전라도에서 가장 큰 고을이었던 전주성을 점령하였다. 그리고 전주에 내려온 정부 대표와 협상을 벌였다. 동학 농민군은 백성을 괴롭히는 나쁜 제도들을 고칠 것이라는 약속을 받아 낸 후 전주성에서 철수했다.

전봉준 (1855~1895년)

조선 후기 동학 농민 운동 지도자. 고부 군수 조병갑의 횡포에 맞서 동학 농민 운동을 일으킴.

화제의 노래
슬픈 노래 '새야 새야'

동학 농민 운동이 농민군의 패배로 끝난 후 이런 노래가 널리 퍼졌다.

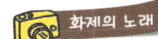

새야 새야 파랑새야 녹두밭에 앉지 마라
녹두꽃이 떨어지면 청포 장수 울고 간다

이것은 전봉준을 기리는 노래로 알려져 있다. 전봉준은 키가 작아서 '녹두 장군'이라고 불렸다. 노래 가사에서 파랑새는 일본군, 녹두는 전봉준, 청포 장수는 백성들로 해석할 수 있다.

짤막 상식
전봉준의 일생

- 1855년 전라북도 고부(지금의 정읍)에서 태어났다. 자라서는 농사일과 동네 아이들에게 글을 가르치는 서당 훈장 일을 했다.
- 1890년경 동학 신자가 되었고, 고부 지방의 동학 지도자인 접주가 되었다.
- 1893년, 군수 조병갑에게 가서 과중한 세금을 줄여 달라고 요구했으나 거절당했다. 이에 1894년 전봉준은 농민들을 모아 조병갑을 몰아냈다.
- 1894년 12월, 동학 농민군이 일본군에 진 후 도피 생활을 하던 중 체포되어 이듬해 사형당했다.

청나라와 일본의 전쟁

동학 농민 운동을 계기로 조선에 들어온 청나라와 일본 사이에 전쟁이 벌어졌다(청일 전쟁). 조선에서 자기들의 힘을 키우려는 청나라와 일본이 충돌한 것이다. 전쟁은 사전에 철저히 준비한 일본이 이겼다.

우리 힘으로 나라를 구하자!

청나라를 물리친 일본은 조선을 식민지로 만들려는 정책을 폈다. 동학 농민군은 일본을 조선에서 몰아내기 위해 다시 부대를 조직했고 충청남도 공주에서 일본군과 맞붙었다. 이 전투에서 동학 농민군은 일본군에 크게 패하고 말았다.

특종 한국사 57 – 신돌석

태백산에 호랑이가 나타났다!

조선 말, 신돌석과 백성들의 활약

1896년 경상북도 영해에서 첫 출격
일본이 조선에서 갖가지 만행을 저지르자 1895년부터 전국 곳곳에서 의병이 일어났다. 1896년 19세 청년 신돌석은 고향인 경상북도 영해에서 100여 명의 의병을 조직했다.

1906년 두 번째 의병 활약
1905년 을사조약 체결 후 다시 의병들이 들고일어났다. 신돌석은 고향에서 의병을 조직해 동해안의 울진, 삼척, 강릉을 넘나들며 일본군을 공격했다.

1907년 한양 진격
조선 의병 지도자들은 한양으로 진격한다는 작전을 세웠다. 하지만 의병 지도부에서는 평민 출신인 신돌석을 의병 지휘관으로 인정하지 않았다. 신돌석은 의병들을 이끌고 고향으로 내려왔다.

1908년 태백산 호랑이가 되다
고향으로 내려온 신돌석은 태백산 주변의 고을에 주둔하고 있는 일본군을 공격하였다. 신돌석에게는 '태백산 호랑이'라는 별명이 생겼다. 그해 겨울 신돌석은 배신한 부하의 손에 죽고 말았다.

신돌석(1878~1908년)
조선 말기~대한 제국의 의병장. 평민으로서 의병을 일으켜 일본과 맹렬히 싸움.

짧막 상식 의병이 뭐지?
외적의 침입을 물리치기 위하여 백성들이 자발적으로 조직한 군대와 그 병사를 말한다. 조선 말기에 크게 두 차례 의병이 일어났는데, 첫 번째는 1895년 을미사변 이후였다. 두 번째는 1905년 일본에 의해 강제로 을사조약을 맺은 이후였다.

사회 요런조런
상투를 잘라라!
외국의 문물이 쏟아져 들어오면서 조선의 모습도 하나둘 달라졌다. 1895년, 정부가 상투를 자르라는 단발령을 내리자 많은 선비가 반발하였고 사진관이 인기를 끌었다. 상투 자르기 전의 모습을 영원히 사진으로 간직하려는 사람들이 많았기 때문이다. 같은 해에 한양에서 실시하던 야간 통행 금지가 해제되었고, 우체사가 생겨 우편 업무를 시작하였다.

미니 인터뷰
러시아 공사관에 피신한 고종
1896년 고종이 러시아 공사관에 피신을 가는 희한한 일이 벌어졌다. 한 나라의 왕이 다른 나라의 공사관으로 도망을 가서 보호를 받아야 할 만큼, 당시 조선은 외국 세력의 손에 좌지우지되고 있었다. 고종의 말을 들어 보자.

🐱기자: 피신한 이유가 뭡니까?
👤고종: 첫째 이유는 신변 안전 때문이다. 명성 황후를 죽인 일본이 나를 죽일 수도 있지 않은가. 또 러시아의 힘을 빌려 일본을 견제하고 친일파 신하들을 몰아내려는 이유도 있다.
🐱기자: 러시아 공사관에 계시면 나랏일은 어떻게 합니까?
👤고종: 걱정 마라. 러시아 공사관에 내가 새로 임명한 신하들을 불러 나랏일을 볼 것이다.

뒷이야기: 이 사건을 '아관 파천'이라고 한다. 고종은 약 1년 뒤인 1897년 궁궐로 돌아왔다. 그사이 친일 내각이 붕괴되고 조선의 온갖 경제적인 이권이 러시아의 손에 넘어갔다.

특종 한국사 58 – 서재필

경축, 서울 독립문 완공

📝 현장 취재 독립문 완공

❓ 그것이 알고 싶군
독립문의 비밀

독립문의 건축 양식은 서재필의 구상에 따라 프랑스 파리의 개선문을 본떴지만 돌을 쌓는 방법 등 대부분은 전통 기법을 따랐다고 한다. 독립문에서 가장 눈여겨볼 부분은 위쪽에 있는 현판석이다. 현판석 앞뒤에 한글과 한자로 '독립문', '獨立門'이라고 새겨져 있다. 글자 옆에는 태극기를 조각했다. 이러한 장식은 이 문이 자주독립 국가임을 알리고 독립 의지를 다지는 기념물임을 보여 준다.

서재필(1864~1951년)
독립운동가, 정치가.
독립 협회를 조직하고
《독립신문》을 발간함.

- 완공일: 1897년 11월 20일
- 총 공사비: 당시 화폐 3825원

ⓒ국립중앙박물관

화제의 신문

독립신문

우리나라 최초의 신문은 1883년에 창간한 《한성순보》이다. 이 신문은 정부에서 발행한 신문이었다. 최초의 민간 신문은 서재필이 1896년에 창간한 《독립신문》이다. 서재필은 신문 창간 몇 개월 후 독립 협회를 만들었다. 외국의 간섭에서 벗어나기 위한 국민 조직인 독립 협회는 백성과 정부 대신까지 참여한 민중 집회인 만민 공동회를 개최하는 등 많은 운동을 벌였다.

특종 한국사 59 – 고종

일본, 조선의 외교권을 빼앗다

듣기만 해도 가슴 아픈 시대가 있다. 바로 일본 제국주의에 의하여 우리나라가 식민 통치를 당한 일제 강점기이다. 일제 강점기는 1910년 국권이 강탈된 후부터 1945년 해방되기까지 35년간을 말한다. 일제 강점기가 시작되기 전, 어떠한 일이 있었는지 강화도 조약에서부터 을사조약까지의 상황을 살펴보자.

강화도 조약 일본은 군대 힘으로 조선을 위협하여 1876년 강화도에서 조약을 맺었다. 조약에는 조선을 침략하려는 일본의 의도와 여러 가지 불평등한 내용이 담겨 있다. 이때부터 일본은 조선에서 자기들의 영향력을 야금야금 키워 나갔다.

강화도 조약에는 일본의 흑심이 담겨 있어!

나, 고종은 1897년 나라 이름을 '대한 제국'이라고 바꾸었소.

가쓰라·태프트 협정 1905년 미국과 일본은 비밀 협정을 맺었다. 일본은 미국이 필리핀을 지배하는 것을 인정하고, 미국은 일본이 대한 제국을 지배하는 것을 인정하는 협정이었다.

미국의 육군 장관 태프트

일본의 수상 가쓰라

고종 (1852~1919년)
조선의 제26대 왕. 외국 세력들의 다툼과 문호 개방 압력에 시달림.

1905년 11월 17일 을사조약 고종이 조약을 받아들이지 않자 이토는 고종의 신하들을 불러 모아 조약을 승인하게 했다. 이완용, 이근택, 이지용, 박제순, 권중현, 이들 다섯 신하(을사오적)가 찬성 의사를 표시했다. 그러자 이를 빌미로 하여 이토는 강제로 조약을 체결했다. 이 조약을 '을사조약' 또는 '을사늑약'이라고 한다.

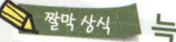 **늑약이란?**

늑약 = '억지로 맺은 조약'

'을사조약'은 협상 당사자 중 한 명인 고종이 합의한 것이 아닌, 일본의 협박으로 강제로 맺은 조약이므로 '을사조약'보다는 '을사늑약'이라 부르는 것이 옳다.

대한 제국에 온 이토 히로부미 일본의 침략을 이끈 이토 히로부미가 1905년 11월 9일 한양에 왔다. 다음 날 일본 군대는 궁궐을 포위해 공포 분위기를 조성했다. 이토는 고종에게 일본이 앞으로 조선을 보호(진짜 뜻은 지배)하는 조약을 받아들일 것을 요구했다. 하지만 고종은 거절했다.

 그것이 알고 싶군

을사조약 후 자결 잇따라

을사조약은 사람들을 충격과 슬픔에 빠트렸다. 여기저기서 저항 운동이 일어났고 여러 신문은 조약의 무효를 주장하는 기사를 실었다. 을사오적에게 벌을 주라는 여론도 달아올랐다. 민영환 등 몇몇 신하는 자결로써 항거했다. 그들이 자결한 것은 나라가 외교권을 빼앗긴 데 대한 자책감과 슬픔 때문이었다.

특종 한국사 60 – 신채호

독립을 위해 가시밭길을 걷다

일제 강점기에 수많은 사람이 독립을 위해 자기를 희생하였다. 역사학자이자 언론인이었던 신채호도 그런 사람이었다. 신채호의 독립운동을 소개한다.

1 출세의 길을 마다하고 독립운동의 길로!

신채호는 촉망받는 학자였다. 1905년 그는 조선 최고의 교육 기관인 성균관의 박사가 되었다. 이 경력을 발판 삼아 관직으로 진출하면 편안한 삶을 살 수 있었지만, 신채호는 1905년 을사조약 이후 본격적으로 독립운동에 뛰어들었다. 신채호는 《황성신문》과 《대한매일신보》 등에 논설을 실어 일본의 야욕을 고발하였다.

2 중국, 러시아 땅에서 벌인 독립운동!

1910년 일본이 우리나라를 강제로 병합하자 신채호는 러시아와 중국을 오가며 독립운동에 참여했다. 상해에 학교를 세워 민족주의 교육을 실천했고, 중국에 남아 있는 고구려와 발해의 유적을 찾아다니며 고대 역사를 연구했다.
1919년 상해에서 대한민국 임시정부가 만들어질 때도 참여했다.

3 10년형을 받고 뤼순 감옥에서 순국하다

무정부주의에 기반을 두고 독립 투쟁에 나섰던 신채호는 1928년 대만에서 체포되어 10년형을 선고받고 뤼순 감옥에 갇혔다. 1935년 건강이 악화되어 감옥에서 나갈 기회가 있었지만, 보증인이 친일파라는 이유로 신채호는 이를 거절했다. 결국 신채호는 1936년 뤼순 감옥에서 순국하였다.

신채호 (1880~1936년)
사학자, 독립운동가, 언론인.
논설을 써 독립 정신을 북돋우고,
독립운동과 국사 연구에 힘썼음.

짤막 상식   주요 독립운동

1910년 8월 29일, 일제는 한국의 통치권을 일제에 넘긴다는 내용의 한일 병합 조약을 발표하기에 이르렀다. 이로써 대한 제국은 일제의 식민지가 되었으며 1945년 8월 15일 독립을 이루기까지 다양한 형태의 독립운동이 계속되었다.

- 3·1 운동: 1919년 3월 1일에 전국적으로 일어난 비폭력 독립운동으로, 손병희 등 33인이 앞장서서 '독립 선언서'를 낭독하고 민족의 자주독립을 선언하였다.
- 6·10 만세 운동: 1926년 6월 10일에 일어난 운동으로, 대한 제국의 마지막 황제였던 순종의 장례일에 맞춰 학생들이 만세 시위를 일으켰다.
- 물산 장려 운동: 1920년대 초부터 1930년대 말까지 일어난 경제 자립 운동으로 국산품을 애용하고, 소비를 절약하고, 민족 기업을 키우는 등의 내용으로 강연회와 시위를 벌였다.

현장 취재
뤼순 감옥에 가다

신채호가 순국한 중국 뤼순 감옥은 현재 중국 랴오닝 성에 있다. 이곳에는 20세기 초 일본이 중국을 침략하기 위해 세운 군사 시설과 감옥 등이 남아 있다. 현재 중국 정부는 뤼순 감옥 시설을 보존하여 전시하고 있는데 이곳에서 신채호의 수감 생활 기록도 볼 수 있다.

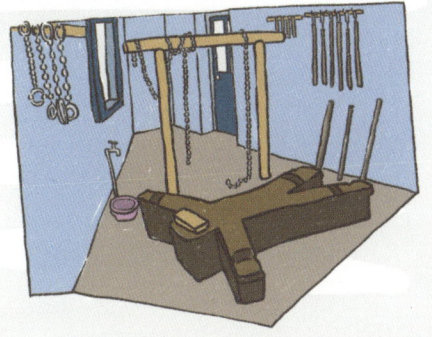

그것이 알고 싶군
친일파는 어떤 자들인가

신채호는 친일파를 혐오했다. 친일파란 일제 강점기 때 민족을 배신하고 일본에 협력한 사람을 말한다. 친일파의 종류는 다양하다. 일본에 협력해 부자가 된 사람, 일본이 우리나라를 지배하는 것을 적극 찬성한 사람, 일본의 침략을 찬양한 예술가 등이 친일파이다.

특종 한국사 61 - 서상돈

일본에 빌린 나라 빚을 갚읍시다!

서상돈의 국채 보상 운동 현장

1907년 일본에 진 빚 1300만 원을 국민의 힘으로 갚아 잃어버린 국권을 회복하자는 국채 보상 운동이 일어났다. 대구에서 시작되어 전국으로 퍼진 이 운동에 참여한 세 시민의 얘기를 들어 보자.

나라를 위해 즐기던 담배를 끊었습니다.

국채 보상 운동은 담배를 끊어 그 돈으로 나라 빚을 갚자는 뜻에서 출발했습니다. 그걸 듣고 나도 담배를 끊어서 담배 살 돈을 국채 보상 운동에 보태기로 결심했어요. 작은 정성이지만 이천만 국민의 정성이 모이면 큰 힘이 될 거라고 확신합니다.
―김학술(대구 사람)

국채 보상 운동의 결말은?

순수한 애국심을 가지고 각지에서 자발적으로 일어난 이 운동은 1908년 7월 계속되는 일제의 방해와 탄압을 이기지 못해 결국 좌절되었다. 운동은 비록 실패로 끝났지만, 국민의 힘으로 국권을 되찾고자 했던 역사적 의의가 큰 운동이었다.

서상돈 (1851~1913년)

독립운동가. 국채 보상 운동으로 국권 회복을 위해 투쟁함.

반지나 비녀를 뽑은 여자가 꽤 됩니다.

나라 사랑에 남자 여자가 따로 있나요? 저도 국채 보상 운동에 보태기 위해 제 반지를 내놨어요. 제 이웃 아낙네들 중에서도 몇 사람이 반지나 비녀를 내놓았어요.
— 조복순(충청도 여인)

유학생이라고 가만히 있을 순 없죠.

일본 유학생들도 국채 보상 운동 소식을 듣고 참여를 결정했습니다. 부모님이 보내 준 학비나 잔일을 해서 번 돈을 모아 우리나라에 보냈습니다. 이번 모금 운동에 참여한 유학생이 약 800명이라고 합니다.
— 김지훈(일본 유학생)

📝 세상에 이럴 수가
고종 강제 퇴위

1907년 일본이 대한 제국의 황제 고종을 황제 자리에서 몰아냈다. 고종이 네덜란드 헤이그에서 열린 만국 평화 회의에 몰래 특사를 보내 을사조약이 무효임을 주장하려고 하자, 이를 빌미로 퇴위시킨 것이다. 황제 자리는 황태자인 순종이 물려받았다.

🔍 미니 인터뷰

기자 안녕하세요? 본인 소개 부탁드립니다.

서상돈 저는 대구의 기업인이자, 독립 협회 회원으로 활동하고 있습니다.

기자 국채 보상 운동을 일으킨 이유가 무엇인가요?

서상돈 일본의 지배에서 벗어나려면 경제적인 독립이 중요하다고 생각했기 때문이지요.

기자 어떻게 시작하셨나요?

서상돈 남자들부터 담배를 끊어 그 돈을 국채를 갚는 데 보태자고 제안했습니다. 그게 큰 호응을 얻어 전국적인 모금 운동으로 확산되었지요. 술집에서 일하는 기생들, 코흘리개 아이들까지 모금 운동에 참여할 만큼 반응이 좋았답니다.

특종 한국사 62 – 안중근

이토 히로부미는 내가 처단하겠소

✏️ 안중근, 하얼빈에 가다!

1909년 만주의 하얼빈 역에서 독립투사 안중근이 우리나라 침략에 앞장선 일본의 정치가 이토 히로부미를 저격했다. 이 사건을 안중근의 '의거'라고 한다. 의거란 정의를 위하여 의로운 일을 하는 것이다. 안중근의 의거 활동을 살펴보자.

1 안중근과 일행 하얼빈 역 도착

이토 히로부미가 하얼빈에 온다는 정보를 들은 후 그를 저격하기로 결심한 안중근과 일행은 만반의 준비를 하고 1909년 10월 22일 하얼빈 역에 도착했다.

2 이토 히로부미 하얼빈 역 도착

1909년 10월 26일 9시 15분 북만주 지역을 시찰하기 위해 이토가 하얼빈 역에 도착했다. 안중근은 오전 7시부터 하얼빈 역에서 이토를 기다렸다.

3 권총을 발사하다

열차에서 내린 이토가 환영 인파와 인사하는 순간 안중근이 권총 세 발을 발사했다. 총에 맞은 이토는 얼마 지나지 않아 죽었다. 안중근은 총을 쏜 후 '대한 만세'를 외쳤고 곧바로 체포되었다.

4 일본에 넘겨진 안중근

러시아는 일본 측에 안중근을 넘겼다. 안중근과 함께 이토 저격을 계획한 여러 독립투사도 체포되어 일본 측에 넘겨졌다.

안중근 (1879~1910년)
독립운동가.
의병 운동에 참가하고
이토 히로부미를 사살함.

5 뤼순 감옥에 갇히다

일본은 안중근을 뤼순 감옥에 가두었다. 재판에서 안중근은 "내가 이토 히로부미를 죽인 것은 한국 독립 전쟁의 한 부분이요, 또 내가 일본 법정에 서게 된 것은 전쟁에 패배하여 포로가 되었기 때문이다. 나는 개인 자격으로서 이 일을 행한 것이 아니요, 대한의군 참모 중장의 자격으로 조국의 독립과 동양 평화를 위해서 행한 것이니 만국 공법에 의하여 처리하도록 하라."라고 말했다.

6 나라를 위하여 목숨을 바치다

일본은 안중근에게 사형 선고를 내렸다. 안중근은 1910년 3월 26일 뤼순 감옥에서 순국했다.

7 영원한 영웅 안중근

안중근은 감옥에 있는 동안에도 동양의 평화를 위해 《동양 평화론》을 썼다. 안중근의 애국적인 행동과 사상은 세계 각국의 사람들에게 존경을 받는다.

짧막 상식 — 안중근의 일생

- 1879년 황해도 해주에서 태어남.
- 1895년 토마스라는 세례명을 받고 천주교 신자가 됨.
- 1906년 학교를 세워 교육 운동을 벌임.
- 1907년 국채 보상 운동에 적극 참가하고, 연해주로 망명함.
- 1908년 의병 활동을 하며 일본군과 전투를 벌임.
- 1909년 만주 하얼빈 역에서 이토 히로부미를 저격한 후 체포됨.
- 1910년 2월 사형 선고를 받고 3월 뤼순 감옥에서 순국함.

특종 한국사 63 - 주시경

국어 연구, 내가 하겠어요!

📝 주시경 전격 인터뷰

우리 말과 글을 잘 가꾸고 지켜야 우리나라를 지킬 수 있다고 생각한 주시경은 자신의 일생을 국어 연구와 교육에 힘썼다. 그에게 직접 그의 인생 이야기와 생각을 들어 보자.

어릴 적 서당에서 한문을 배우다가 서양에서 들어온 새로운 학문에 눈을 떴어요. 그리고 배재 학당에서 공부를 하다 《독립신문》을 만드는 독립신문사에서 일하게 되었죠. 이후 수많은 학교에서 국어를 가르치고, 국어와 관련된 여러 책을 썼어요.

존경하는 선생님을 만나게 되어 감개무량합니다. 우선 선생님이 살아오신 과정부터 들려주세요.

한글은 훌륭한 글자로구나!

 어떤 계기로 국어학자가 되셨나요?

《독립신문》은 순 한글로 된 신문이었어요. 신문을 만들다 보니 자연히 한글에 관심을 가지게 되었죠. 당시 한글은 통일된 문법이 없었습니다. 사전도 없었고요. 누군가는 그 일을 해야 하는데 할 만한 사람이 없었어요. 나는 사명감을 느꼈습니다. 내가 해야겠다고 생각했지요.

누군가는 해야 하는데……

주시경 (1876~1914년)

국어학자.
국어의 연구와 운동에 힘써
일제 침략에 맞섬.

 국어 연구가 왜 중요한가요?

말과 글은 매일 먹어야 하는 밥과 같이 소중합니다. 또 말과 글이 발전해야 문화도 발전합니다. 그리고 우리말이 바로 서야 우리나라가 바로 설 수 있어요. 즉, 우리말을 바로 세워야 우리나라가 독립할 수 있지요. 그래서 국어 연구가 중요한 겁니다.

말과 글이 없으면 벙어리와 같은 것!

그것이 알고 싶군
'주보따리'란?

주시경의 별명은 '주보따리'였다. 보따리란 보자기로 물건을 싸서 꾸린 뭉치를 말한다. 주시경은 시간이 날 때마다 학교나 강습소를 돌아다니며 한글을 가르치는 운동을 했다. 가난했던 주시경은 변변한 옷이나 가방도 없었다. 늘 무명 바지와 두루마기 차림에 책보따리를 들고 다녔다. 그래서 '주보따리'라는 별명이 생겼다. 가난하지만 깨끗하고 성실한 학자의 모습을 보여 주는 별명! 그것이 바로 주보따리다.

짤막 상식
주시경의 업적

- 한글 문법과 맞춤법을 연구해 《국어문법》, 《말의 소리》 등을 씀.
- 많은 제자를 길러 우리 민족이 우리 말과 글을 지킬 수 있도록 함.
- '주보따리'라는 별명이 있을 정도로 동분서주하며 국어를 가르치는 일에 힘씀.

특종 한국사 64 – 유관순

유관순의 대한 독립 만세!

📝 나라 사랑으로 뜨거웠던 1919년 봄

1919년 일본으로부터 독립을 주장하는 민족 독립운동인 3·1 운동이 일어났다. 서울에서 시작된 3·1 운동은 전국으로 퍼졌다. 유관순은 18세 학생의 몸으로 앞장서서 '대한 독립 만세'를 외쳤다. 나라를 사랑하는 마음으로 뜨거웠던 1919년 유관순의 봄날을 살펴보자.

서울에서 3·1 운동에 참가하다

이화 학당의 학생이었던 유관순은 다른 학생들과 함께 3·1 운동에 참여했다. 일본은 3·1 운동을 억누르기 위해 3월 10일 모든 학교에 임시 휴교령을 내렸다. 그러자 유관순은 고향인 충청남도 천안으로 내려갔다.

천안에서도 만세 운동을!

천안에 도착한 유관순은 고향 사람들에게 서울의 3·1 운동 소식을 알려 주며 천안에서도 만세 운동을 벌일 것을 제안했다. 유관순과 사람들은 4월 1일 장이 열리는 날에 만세 운동을 벌이기로 결정했다.

유관순 (1902~1920년)
독립운동가.
3·1 운동에 참가한 뒤,
천안에서 독립 만세 시위를 주도함.

짤막 상식 3·1 독립 선언서란?

3·1 독립 선언서는 1919년 3·1 운동 때 민족 대표 33인이 선언한 것으로, 우리나라의 독립을 선언하는 내용과, 평화적이고 자주적인 독립의 방법을 제시하고 있다. 오늘날 전해 오는 여러 독립 선언과 비교해 보아도 아무 손색이 없을 만큼 명문으로 평가된다.

고귀한 죽음

서대문 형무소에 수감된 유관순은 형무소에서도 만세 운동을 벌여 모진 고문을 받았다. 숱한 고문으로 몸이 약해진 유관순은 1920년 9월 28일 19세의 나이로 감옥에서 순국했다.

유관순의 수형자 기록표

만세 운동에 참여하세요!

유관순은 많은 사람을 만세 운동에 참여시키기 위해 연락원 역할을 했다. 각 고을을 돌아다니며 만세 운동 소식을 알리며 참여를 호소했다.

대한 독립 만세!

1919년 4월 1일 수천 명의 사람이 아우내 장터에서 대한 독립 만세를 불렀다. 이에 일본 경찰은 총을 쏘며 진압했다. 이때 유관순의 부모를 포함하여 19명이 죽었다. 유관순은 만세 운동의 주동자로 경찰에 체포되었다.

특종 한국사 65 – 김좌진, 홍범도

독립투사의 통쾌한 승리!

청산리 대첩과 봉오동 전투 현장

일제 강점기에 중국 땅으로 건너간 독립투사들은 끈질긴 독립 투쟁을 벌였다. 군대를 조직해서 직접 일본군과 싸우기도 했는데, 그중 일본군을 크게 무찔렀던 청산리 대첩과 봉오동 전투를 소개한다.

김좌진
- 1889년 충청남도 홍성 출생
- 국내에서 독립운동을 하다 일본의 감시를 피해 1918년 만주로 건너감.
- 1919년 북로 군정서 총사령관이 됨.
- 1920년 청산리 대첩 승리

"생명을 돌아보지 않는 독립군 정신으로 일본군의 기세를 꺾어 버리자!"

청산리 대첩

- **장소**: 만주 청산리
- **일시**: 1920년 10월 21일~1920년 10월 26일
- **내용**: 독립군을 치러 온 일본군과 김좌진이 이끄는 북로 군정서군을 비롯한 여러 독립군 부대가 청산리 부근에서 벌인 전투이다. 지형을 효과적으로 이용한 작전과 목숨을 아끼지 않는 투지로 독립군은 일본군을 크게 물리쳤다.
- **결과**: 일본군 1200여 명 사살, 독립군 60여 명 전사

김좌진(1889~1930년)
독립운동가, 장군.
청산리 대첩에서
일본군을 무찌름.

홍범도(1868~1943년)
독립운동가, 장군.
봉오동 전투에서
일본군을 무찌름.

그것이 알고 싶군 일본의 잔인한 보복을 폭로한다!

청산리 대첩과 봉오동 전투에서 패배한 일본은 잔인하게 보복하였다. 바로 만주에 사는 한국인을 학살하는 것이었다. 일본군은 약 4개월간 만주 지역의 한국인 마을에 쳐들어가 무자비하게 한국인을 학살하고 마을을 불태우고 재산과 식량을 약탈했다. 약 1개월 동안 3000여 명이 학살되었을 정도로 일본의 학살로 희생당한 한국인의 수는 어마어마했다. 이를 '간도 참변'이라고 한다.

● 봉오동

"일본군을 기습 공격하자!"

홍범도
- 1868년 평안북도 양덕 출생
- 1907년 일본의 탄압에 대항하여 의병 활동을 함.
- 1910년 간도로 건너가 애국지사를 모으고 독립군을 길러 냄.
- 1919년 대한 독립군 총사령관이 됨.
- 1920년 봉오동 전투 승리

봉오동 전투

- **장소**: 만주 봉오동
- **일시**: 1920년 6월 7일
- **내용**: 대한 독립군을 비롯한 여러 독립군 부대가 독립군의 활동을 막기 위해 봉오동에 쳐들어온 일본군과 싸워 크게 이긴 전투이다. 홍범도가 이끄는 대한 독립군 등은 일본군의 공격을 미리 알고 대비하여 큰 승리를 거두었다.
- **결과**: 일본군 157명 사살, 200여 명 부상, 독립군 4명 전사

특종 한국사 66 - 윤봉길

할 일 하고 미련 없이 떠나가오!

✏️ 윤봉길의 의거 과정

"이제 제게 시계는 필요 없습니다."

1 **1932년 4월 29일 이른 아침**
윤봉길은 훙커우 공원으로 출발하기 전 지도자 김구를 만났다. 윤봉길은 자신의 시계를 김구에게 꺼내 주며 이렇게 말했다. "이 시계는 어제 선서식 후에 선생님 말씀대로 6원을 주고 산 시계인데 선생님 시계는 2원짜리이니 제 것과 바꿉시다. 제 시계는 앞으로 한 시간밖에는 쓸 수 없으니까요." 윤봉길은 그날 나라를 위해 죽을 각오를 하고 있었던 것이다.

2 **훙커우 공원으로 입장**
4월 29일 훙커우 공원은 일본 천황의 생일과 일본군의 상해 점령을 축하하는 행사로 인해 아침부터 경계가 삼엄했다. 윤봉길은 행사에 참여하러 온 사람처럼 보이기 위해 양복을 차려입고, 물통과 도시락을 든 채 공원 안으로 들어갔다. 물통과 도시락엔 폭탄 장치가 있었다.

🔍 그것이 알고 싶군
독립군의 폭탄 공격이 가지는 의의

- 일본의 탄압에 지쳐 있던 사람들에게 독립에 대한 희망을 일깨워 주었다.
- 일본 침략군의 사령부를 공격함으로써 정치적으로나 군사적으로 일본에 큰 타격을 주었다.
- 윤봉길의 의거는 중국인에게까지 큰 감명을 주어 중국과의 연대를 다시 회복하는 데 도움이 되었다.

윤봉길 (1908~1932년)

독립운동가. 상해 훙커우 공원에서 일본군을 향해 폭탄을 던짐.

3 폭탄 투척

드디어 축하 행사가 시작되었다. 연설이 끝나고 행사 참석자들이 손을 올려 '일본 천황 폐하 만세'를 외칠 시간이 되었다. 이때 윤봉길은 사람들을 헤치고 앞으로 나가며 연단에 폭탄을 던졌다. 폭탄은 적중하여 일본군 사령관 여러 명이 죽었다. 윤봉길은 현장에서 일본 경찰에 체포되었다.

4 거룩한 영웅이 되다

체포된 윤봉길은 무자비한 고문을 받은 후 사형 선고를 받았다. 그리고 1932년 12월 19일 아침, 총살형을 받고 순국하였다. 25세의 젊은 나이로 순국한 윤봉길은 현재 김구, 이봉창, 백정기와 함께 서울 효창 공원에 안치되어 있다.

짤막 상식

윤봉길의 일생

- 1908년: 충청남도 예산 출생
- 1919년: 3·1 운동을 계기로 덕산보통학교에서 자퇴함.
- 1926년: 농촌 계몽 운동에 뛰어듦.
- 1930년: 적극적으로 독립운동을 하기 위해 중국으로 건너감.
- 1931년: 대한민국 임시 정부의 김구와 독립운동을 함.
- 1932년: 상해 훙커우 공원에서 폭탄을 던져 일본군 응징함. 이후 총살형으로 순국함.

특종 한국사 67 – 손기정

손기정, 베를린 마라톤 우승!

✏️ 올림픽 영웅이 되기까지

1936년 손기정은 독일 베를린에서 열린 제11회 올림픽 마라톤 경기에서 세계 신기록을 세우며 금메달을 땄다. 손기정의 우승은 당시 일본의 지배에 신음하던 우리나라 사람들에게 큰 기쁨과 용기를 주었다. 손기정이 올림픽 영웅이 되기까지의 과정을 정리하였다.

모래주머니를 달고 훈련 또 훈련

손기정은 1912년 평안북도 신의주에서 태어났다. 어려서부터 달리기에 소질이 있었던 손기정은 서울의 육상 명문인 양정고등보통학교에 입학하면서 본격적으로 육상 경기를 준비하기 시작했다. 손기정은 이른 새벽에 일어나 다리에 모래주머니를 달고 북악산을 오르내리며 훈련했다. 손기정은 달리고 또 달렸다.

일본 국가 대표로 선발되다

손기정은 각종 육상 경기에서 우승을 하며 이름을 알렸다. 이후 일본이 연 국가 대표 평가전에서 손기정과 남승룡이 각각 1, 2위를 차지해 베를린 올림픽에 출전하게 되었다. 하지만 일제 강점기였던 탓에 손기정과 남승룡은 일본 선수로 참가할 수밖에 없었다.

조선 청년의 기개를 온 천하에 알려라!

우리나라 육상 지도자, 일반 국민 등 많은 사람이 "일본 대표이기 이전에 조선 청년의 기개를 온 천하에 알려 주길 바란다."라고 말하며 베를린으로 떠나는 손기정과 남승룡을 응원해 주었다.

저기 결승선이 보인다!

1936년 8월 9일 손기정은 세계 각국에서 모인 56명의 선수와 함께 출발 신호를 기다렸다. 신호가 울렸고 손기정은 힘차게 뛰어나갔다. 그리고 2시간 29분 19초라는 세계 신기록을 세우며 1등으로 결승선을 통과했다. 남승룡은 3위를 차지했다.

손기정(1912~2002년)

마라톤 선수.
1936년 베를린 올림픽 마라톤 경기에서 금메달을 땀.

그것이 알고 싶군 — 금메달을 딴 손기정의 심정은 어땠을까?

손기정의 심정은 엽서 한 장으로도 추측할 수 있다. 손기정은 금메달을 딴 후 한국에 있는 친구에게 엽서를 보냈는데, 이 엽서에는 '슬프다'는 말이 쓰여 있었다. 금메달을 목에 걸었으나 태극기가 아닌 일본 국기를 달고 딴 메달이어서 기쁘지 않았던 것이다.

현장 취재 — 일본 선수이기를 거부한 손기정

손기정은 민족의식이 강한 청년이었다. 손기정은 비록 일본 선수로 경기에 나갔지만 마라톤 경기를 할 때를 제외하고는 일본 국기가 달린 옷을 입지 않았다. 시상식 때는 월계수로 상의에 달린 일본 국기를 가렸다. 시상식 후 청중의 사인 요청을 받을 때도 한글로 자기 이름을 적고, 'KOREA'라고 나라 이름을 적었다. 기자들이 국적을 물을 때도 "Me Korean, not Japanese.(난 한국인이지 일본인이 아니다.)"라고 말했다.

특종 한국사 68 - 한용운

불의와는 타협하지 않는다

✏️ 한용운의 독립운동

시집 《님의 침묵》으로 유명한 한용운은 일제 강점기 때 끝까지 지조를 지킨 독립운동가이기도 하다. 스님이었던 한용운은 어떤 불의와도 타협하지 않고 일본에 맞섰다.
한용운의 독립운동 행보를 살펴보자.

나는 일본 불교를 거부한다!

일본 불교와 친하게 지내면 우리도 편할 거예요.

1 일본은 한국 불교를 일본 불교에 교묘히 병합시키려고 했다. 한국 불교와 일본 불교가 원래 하나였다고 주장하면서 일본에 동화시키려고 한 것이다. 이 사실을 안 한용운은 한국 불교의 개혁을 주장하고, 몇몇 스님과 힘을 모아 한국 불교가 일본 불교에 병합되는 것을 저지하였다.

한용운(1879~1944년)
승려, 시인, 독립운동가.
3·1 운동 때 민족 대표 33인 중 한 사람,
《님의 침묵》 등을 집필함.

세상에 이럴 수가 이젠 이름까지 빼앗나!

1930년대에 들어서 일본은 한국인을 일본인으로 동화시키는 '민족 말살 정책'을 추진했다. 우리의 글과 말을 쓰지 못하게 하였고, 역사를 왜곡하고, 신사 참배를 강요했다. 그리고 이름을 일본식으로 바꾸라고 강요했다. 이름을 바꾸지 않을 경우 학교에 갈 수 없었고, 식량을 배급받지 못했으며, 철도로 화물을 실어 나르지 못하게 하였다.

2 한용운은 불교계를 대표하여 3·1 운동에 참여하였다. 일본 경찰은 한용운을 체포하여 재판에 넘겼다. 한용운은 〈조선 독립에 대한 감상의 개요〉라는 조선 독립의 서를 쓰는 등, 재판 때나 감옥에 갇혔을 때나 독립운동을 계속했다. 돈을 내고 감옥에서 풀려날 수도 있었지만 이마저도 거절했다.

3 1933년 한용운은 성북동에 심우장이라는 집을 지었는데, 여름에는 시원하고 겨울에는 따뜻한 남향이 아니라 북향으로 지었다. 그 이유는 남향으로 집을 지으면 조선 총독부를 바라보게 되기 때문이었다.

특종 한국사 69 – 윤동주

한 점 부끄럼이 없기를

✏️ 민족 시인 윤동주

일제 강점기 때 살았던 시인 윤동주를 '민족 시인'이라고 부른다. 일본의 지배를 받는 슬픈 현실 속에서도 독립의 희망을 염원하는 시를 썼고, 독립운동을 하다가 일본 감옥에서 죽었기 때문이다. 윤동주의 작품 중 가장 유명한 〈서시〉를 감상해 보자.

서시(序詩)

죽는 날까지 하늘을 우러러
한 점 부끄럼이 없기를,
잎새에 이는 바람에도
나는 괴로워했다.
별을 노래하는 마음으로
모든 죽어 가는 것을 사랑해야지.
그리고 나한테 주어진 길을
걸어가야겠다.

오늘 밤에도 별이 바람에 스치운다.

윤동주 (1917~1945년)

시인. 광복 후 유고 시집 《하늘과 바람과 별과 시》가 발간됨.

그것이 알고 싶군
〈서시〉 작품 해설

- '죽는 날까지 하늘을 우러러' 하늘 ⋯ 양심 또는 도덕적인 기준
- '잎새에 이는 바람에도' 바람 ⋯ 내면에 생기는 잡다한 생각이나 유혹
- '별을 노래하는 마음으로' 별 ⋯ 시인이 지향하는 아름다운 삶의 모습
- '모든 죽어 가는 것' ⋯ 일제의 지배에 신음하는 조선 민족 또는 고통받는 세상의 뭇 생명
- '나한테 주어진 길' ⋯ 일제 강점기를 살아가는 지식인의 사명

화제의 시집
감동의 시집 《하늘과 바람과 별과 시》

죽은 사람이 살아 있을 때 써서 남긴 원고를 '유고'라고 한다. 《하늘과 바람과 별과 시》는 1948년에 출간된 윤동주의 유고 시집이다. 〈서시〉도 이 시집에 실려 있다. 이 시집은 일제 강점기 때 일본 감옥에서 쓸쓸하게 죽어 간 윤동주의 이름을 세상에 알린 시집이다. 시집에 수록된 31편의 작품은 독자에게 많은 감동을 준다.

세상에 이럴 수가
아름다운 우정

윤동주의 시집 출간에는 아름다운 우정 이야기가 담겨 있다. 일본 유학 전 윤동주는 정병욱이란 후배에게 잘 보관해 달라며 원고를 맡겼다. 얼마 후 정병욱이 일본 군대에 학병으로 끌려가게 되자 그는 자기 어머니에게 원고를 소중하게 보관해 달라고 당부했다. 어머니는 집 마루 밑에 원고를 숨겨 보관했다. 집으로 돌아온 정병욱은 마루 밑에서 원고를 찾아내 1948년에 시집을 발간하였다.

짤막 상식 윤동주의 일생

- 1917년: 북간도 명동촌에서 태어남.
- 1938년: 서울 연희전문학교(지금의 연세대학교)에 입학함.
- 1941년: 대학 시절에 쓴 시를 모아 시집을 내려 했지만 뜻을 이루지 못함.
- 1942년: 일본으로 유학을 떠나 유학생들의 독립운동에 참여함.
- 1943년: 일본 경찰에 독립운동 혐의로 체포됨.
- 1945년: 규슈 후쿠오카 형무소에서 수감 생활을 하던 중 사망함.

특종 한국사 70 - 김구

내 소원은 대한 독립이오

대한민국 임시 정부를 지킨 김구

1919년 4월 독립운동 지도자들은 중국 상해에 대한민국 임시 정부를 세웠다. 임시 정부는 해방이 될 때까지 독립운동의 구심점 역할을 하였는데 김구는 임시 정부 수립부터 광복 때까지 임시 정부를 지킨 지도자였다. 김구와 함께 대한민국 임시 정부의 역사를 살펴보자.

1919년 4월 13일 대한민국 임시 정부 수립

3·1 운동 후 독립운동가들은 힘을 한데 모으기 위해 상해에 임시 정부를 세웠다. 임시 정부는 외교 활동이나 독립 전쟁을 지도하고 통합하는 데 노력했다. 이때 김구는 임시 정부 초대 경무국장이 되었다.

임시 정부의 위기

임시 정부는 일본의 탄압과 외국의 냉대 때문에 여러 번 위기를 맞았다. 어려움 속에서도 김구는 끝까지 임시 정부를 지키며, 이봉창, 윤봉길 의거를 지휘하여 독립운동에 활기를 불어넣었다. 하지만 중국까지 뻗친 일본의 탄압으로 1932년 상해를 떠나는 신세가 되었다.

김구 (1876~1949년)

독립운동가, 정치가.
대한민국 임시 정부 조직에 참여하고
이봉창, 윤봉길 의거를 지휘함.

📷 화제의 자서전 — 김구가 쓴 '나의 소원'

김구의 자서전 《백범일지》는 사람들에게 큰 감동을 주었다. 《백범일지》에 있는 글 중 '나의 소원'이란 글의 일부를 발췌하여 싣는다.

"네 소원이 무엇이냐?" 하고 하느님이 내게 물으시면, 나는 서슴지 않고 "내 소원은 대한 독립이오." 하고 대답할 것이다.
"그다음 소원은 무엇이냐?" 하면, 나는 또 "우리나라의 독립이오." 할 것이요,
또 "그다음 소원이 무엇이냐?" 하는 세 번째 물음에도, 나는 더욱 소리를 높여서
"나의 소원은 우리나라 대한의 완전한 자주 독립이오." 하고 대답할 것이다.

꿈에도 그리던 광복의 날이 왔도다!

충칭

1945년 충칭에서 맞은 해방

임시 정부는 상해, 항저우, 전장 등을 거쳐 1940년 중국 충칭에 자리를 잡았다. 당시 임시 정부의 주석을 맡고 있던 김구는 일본군에 맞서 싸울 한국광복군을 조직했다. 이후 일본이 연합군에 항복하면서 1945년 8월 15일, 그토록 바라던 광복의 날이 밝았다.

📖 짤막 상식 — 김구의 일생

- 1876년 황해도 해주에서 태어나 1894년 동학군의 지도자로 활약함.
- 1896년 일본군 장교를 때려죽인 죄로 감옥에 갇혔으나 1898년 탈옥함.
- 1900년부터 1919년까지 농촌 계몽 활동, 교육 운동, 독립운동 등에 참여함.
- 1919년 중국으로 망명하여 임시 정부 수립에 참여하고, 1945년까지 독립운동에 헌신함.
- 1945년 해방된 조국으로 돌아와, 1948년 남한과 북한이 각자 단독 정부를 세우려 하자 이에 반대하여 통일 운동을 벌였지만 실패함.
- 1949년 육군 소위 안두희에게 암살당함. 암살 이유와 암살 배후는 현재까지 알려지지 않음.

특별 부록 1

한눈에 보는 한국사 인물

고조선
- 단군왕검: 기원전 2333년 고조선 건국

삼국 시대

고구려
- 주몽: 기원전 37년 고구려 건국
- 소수림왕: 불교 전래
- 광개토 대왕: 영토 확장
- 장수왕: 5세기 고구려 전성기
- 을지문덕: 살수 대첩
- 연개소문: 당나라 대군 물리침

백제
- 온조: 기원전 18년 백제 건국
- 근초고왕: 4세기 백제 전성기
- 계백: 황산벌 전투 이끎
- 660년 백제 멸망

신라
- 박혁거세: 기원전 57년 신라 건국
- 법흥왕: 율령 반포
- 진흥왕: 6세기 신라 전성기
- 선덕 여왕: 문화 전성기
- 김춘추: 삼국 통일 기반 닦음
- 김유신: 삼국 통일 기반 닦음

가야
- 김수로: 42년 가야 건국
- 562년 대가야 멸망

1392년 고려 멸망
- 정몽주: 고려에 충성
- 최영: 외적 격파
- 공민왕: 자주 개혁 정책

조선
- 이성계: 1392년 조선 건국
- 이방원: 호패법 실시
- 세종: 훈민정음 창제

- 서재필: 독립문 완공
- 신돌석: 의병 활동
- 명성 황후: 1895년 을미사변
- 전봉준: 1894년 동학 농민 운동 지도
- 김옥균: 1884년 갑신정변 주도
- 흥선 대원군: 통상 수교 거부 정책 실시
- 최제우: 동학 창시
- 김정호: 〈대동여지도〉 만듦

대한 제국
- 고종: 1905년 을사조약 체결됨
- 신채호: 독립운동과 국사 연구
- 서상돈: 국채 보상 운동
- 안중근: 1909년 이토 히로부미 저격

일제 강점기
- 주시경: 국어 연구
- 유관순: 1919년 만세 시위 주도

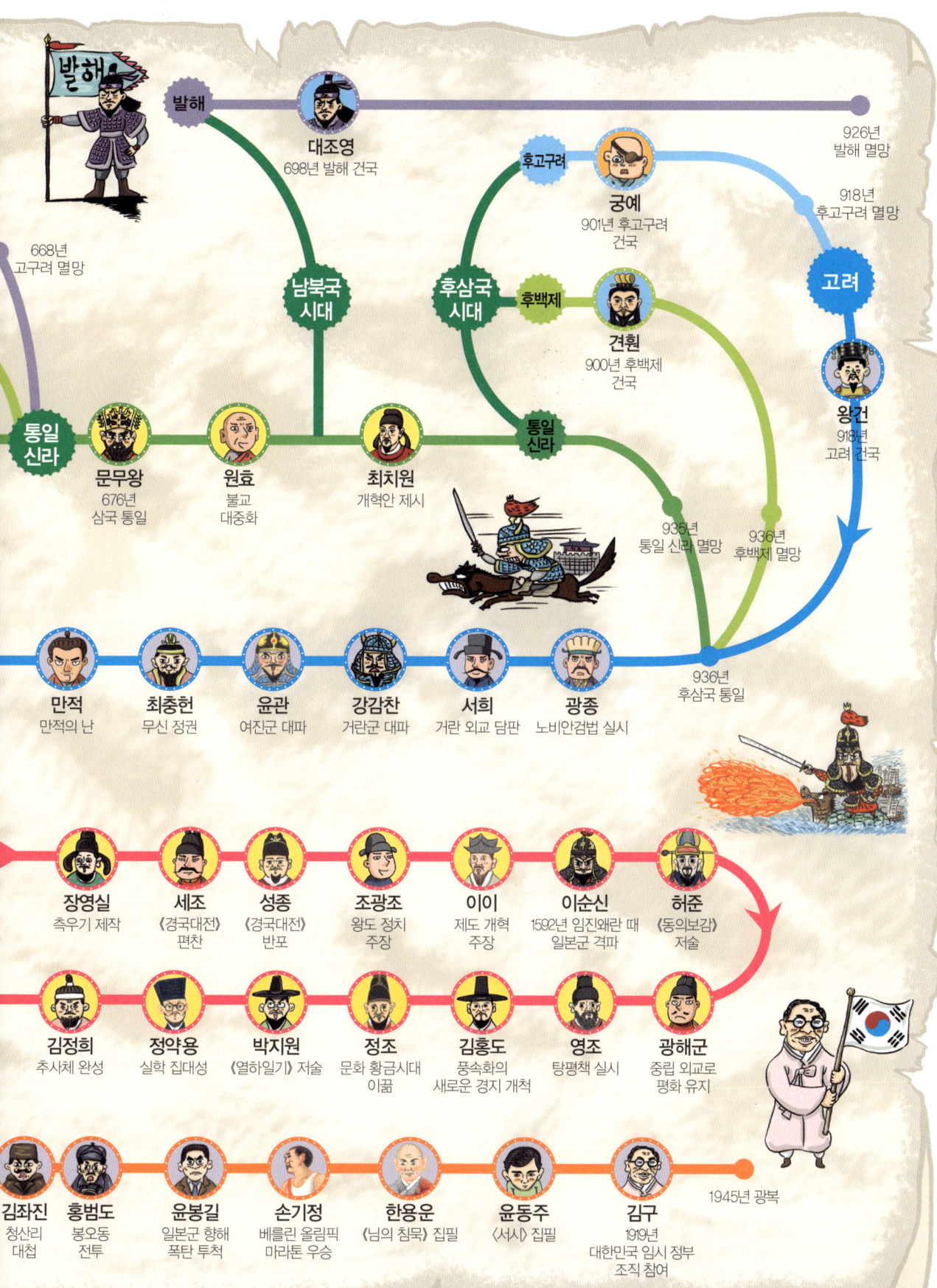

특별 부록 2

도전! 한국사 왕 평가 문제

01 다음 인물 관계도에 알맞은 인물 딱지를 놓아 보세요.

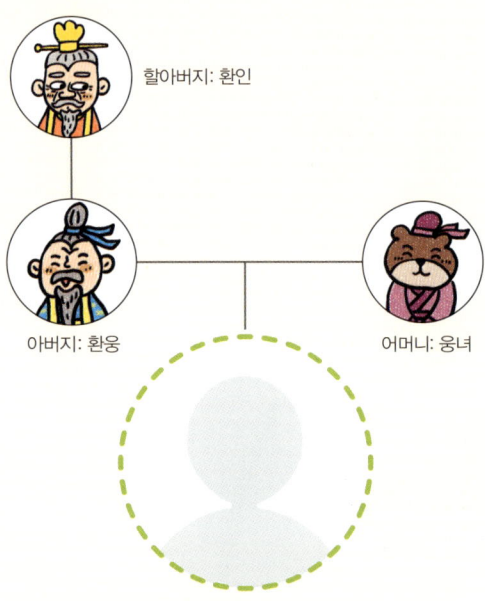

할아버지: 환인
아버지: 환웅   어머니: 웅녀

02 '주몽'에 담긴 뜻으로 알맞은 것은 무엇일까요?
① 말 잘 타는 사람   ② 요리 잘하는 사람
③ 활 잘 쏘는 사람   ④ 노래 잘하는 사람
⑤ 공부 잘하는 사람

03 '묘호'에 대한 설명으로 틀린 것은 무엇인가요?
① 왕이 죽은 후에 그를 기념하여 붙이는 이름이다.
② '시호'라고도 한다.
③ 세종 대왕의 묘호는 '대왕'이다.
④ 시호는 공을 세운 신하가 죽은 뒤에도 붙였다.
⑤ 이순신의 시호는 '충무'이다.

04 다음 인물과 도읍, 위치를 바르게 연결해 보세요.
① 온조 •   • ㉠ 미추홀   • ⓐ 한강 근처
② 비류 •   • ㉡ 위례성   • ⓑ 서해안 근처

05 오래된 옛 도읍이라는 뜻의 '천년 고도(千年 古都)'라는 별명이 있는 신라의 수도는 어디일까요?

06 다음 중 알에서 태어났다는 탄생 설화가 없는 왕은 누구인가요?

> 박혁거세, 주몽, 수로왕, 광개토 대왕

07 다음 설명을 보고 알맞은 유물의 이름을 쓰세요.

> 백제 문화의 우수성을 증명하는 놀라운 작품이다. 향을 피우는 작은 화로인 이 유물은 용 모양의 받침이 연꽃 봉오리를 물고 있는 모습을 하고 있으며 빼어난 백제 공예 솜씨를 보여 준다.

08 4세기 후반, 고구려의 소수림왕은 불교를 통해 백성을 단결시키고 왕의 권위를 높이려고 했어요. 불교가 고구려에 미친 영향으로 틀린 것은 무엇인가요?
① 불교 사상을 담은 책이 발간되어 사람들의 정신을 풍요롭게 해 주었다.
② '왕은 곧 부처'라는 불교의 주장을 통해 왕의 힘이 강해졌다.
③ 불교의 자비 사상을 받아들여 어려운 이웃을 돕는 마음을 갖게 되었다.
④ 불교 지도자가 중심이 되어 사회 개혁 운동을 벌이기도 했다.
⑤ 성탄절을 기념하는 행사 등 많은 불교 풍속이 생겨났다.

09 다음 설명을 읽고 알맞은 인물 딱지를 놓아 보세요.

> • 4세기 말 18세의 어린 나이로 왕이 되었다.
> • 군사를 이끌고 고구려 영토를 넓혀 나갔다. 그리하여 동부여를 정복할 때 무려 64개의 성과 1400여 개의 마을을 정복했다.
> • 넓은 땅을 열었다는 뜻의 이름을 지녔다.

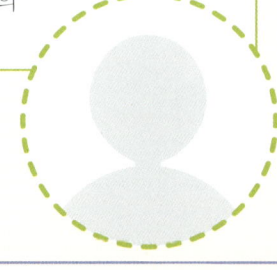

150

🔟 다음 설명에서 <u>틀린</u> 부분을 알맞게 고쳐 써 보세요.

> 427년 장수왕은 국내성에서 꽤 먼 1)한양으로 수도를 옮겼다. 수도를 옮기는 걸 2)이사라 한다.

✏️ 1)　　　　　　　2)

⑪ 다음은 삼국 시대의 4~6세기 지도입니다. 한강을 차지했던 순서대로 기호를 써 보세요.

✏️ ⇢　　　⇢

⑫ 다음 빈칸에 들어갈 알맞은 지역은 어디일까요?

> 첫째, ○○ 지역은 한반도의 중심에 위치하여 군사적으로 유리하다.
> 둘째, ○○ 지역은 땅이 기름지고 하류에 넓은 평야가 있다.
> 셋째, ○○을 차지하면 중국에 사신을 보내는 데 유리하다.

① 낙동강　　② 압록강　　③ 청천강
④ 한강　　　⑤ 대동강

⑬ 다음 설명에 맞는 전쟁의 이름은 무엇일까요?

> 612년, 을지문덕 장군이 이끄는 고구려 군대가 살수에서 수나라 군대에 큰 승리를 거둔 전쟁

✏️ _____

⑭ 신라 제27대 왕인 선덕 여왕은 어떻게 신라 최초의 여왕이 될 수 있었나요? 다음 문장을 완성해 보세요.

> 신라는 철저한 (㉠) 사회였다. 부모가 모두 왕족인 (㉡) 등급만이 왕이 될 수 있었다. 선덕 여왕의 아버지인 진평왕에게는 아들이 없었다. 따라서 유일한 (㉢)이었던 선덕 여왕이 왕위를 이어받은 것이다.

✏️ ㉠　　　　　㉡　　　　　㉢

⑮ 다음 설명을 읽고 알맞은 인물 딱지를 놓아 보세요.

> 동맹을 맺은 후 이 사람은 아들 김문왕을 당나라에 남겨 두었다. 혹시 당나라가 약속을 지키지 않을 경우 아들을 통해 군사를 요청하기 위해서였다.
> 당나라에서 돌아오던 이 사람은 바다에서 고구려 경비병을 만났다. 부하 온군해가 이 사람으로 변장하여 대신 잡힌 덕분에 목숨을 건질 수 있었다. 그는 두 번이나 죽을 고비를 넘기고 훗날 태종 무열왕이 되었다.

⑯ 다음 중 김유신에 대한 설명으로 <u>틀린</u> 것은 무엇일까요?

① 본래부터 김유신의 집안은 신라의 왕족이었다.
② 김유신의 여동생 문희는 김춘추와 결혼했다.
③ 김유신은 군사 분야에서 큰 활약을 했다.
④ 김유신은 연에 불을 붙여 하늘에 띄워서 신라군의 사기를 높였다.
⑤ 경주 근처 단석산에는 김유신이 잘랐다고 여겨지는 바위가 있다.

⑰ 다음은 황산벌 전투에서 맞붙은 백제와 신라의 인물입니다. 설명을 읽고 알맞은 인물 딱지를 놓아 보세요.

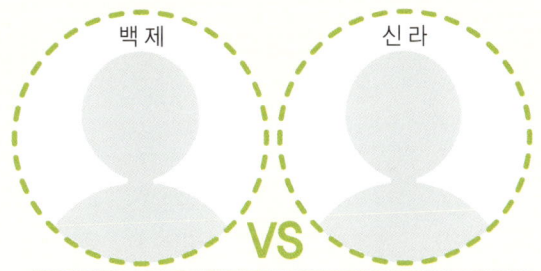

나라	백제	신라
군사 수	5천 명	5만 명
군사 특징	죽을 각오를 한 결사대	용감한 화랑들
승리한 격돌	1차~4차	5차

18 다음 설명을 읽고 알맞은 인물을 써 보세요.

> 645년 당나라 태종이 군대를 이끌고 고구려에 쳐들어왔다. 당나라군은 고구려의 안시성을 포위하고 항복을 요구했다. 당시 고구려 권력자였던 ○○○○은 끝까지 당나라에 맞서 용감하게 싸웠다. 결국 ○○○○이 이끈 고구려군은 당나라의 대군을 격파했다.

✎ _____

19 다음 유서를 읽고 알맞은 인물 딱지를 놓아 보세요.

20 신라의 승려 원효는 유학길에 우연히 동굴에서 물을 마시고는 깜짝 놀란 후 큰 깨달음을 얻었지요. 원효가 놀란 까닭과 얻은 깨달음은 무엇일까요? 빈칸에 써 보세요.

✎ 놀란 까닭: _____

✎ 깨달음: _____

21 698년 세워진 발해는 계속 번성하여 고구려보다 더 넓은 땅을 차지하기도 했어요. 그리하여 바다 동쪽의 번성한 나라라는 뜻의 '○○○○'이라 불리기도 했어요. ○○○○은 무엇일까요?

✎ _____

22 다음 지도처럼 한반도 북쪽에는 발해가, 남쪽에는 삼국을 통일한 통일 신라가 있었던 시기를 무엇이라고 할까요?

✎ _____

23 다음 어휘와 뜻을 바르게 연결해 보세요.

① 골품 •　　　• ㉠ 신라 말기 왕의 힘이 약해진 틈을 타 세력을 키운 지방의 귀족, 부자, 장수

② 호족 •　　　• ㉡ 백성의 마음

③ 민심 •　　　• ㉢ 신라의 신분 제도

24 혼란스러운 신라 말기에 진성 여왕에게 개혁안을 제시한 학자는 누구일까요?

✎ _____

25 후삼국 시대는 신라의 대표적인 호족인 이 인물이 전라도 땅에 후백제를 세움으로써 시작되었어요. 후삼국 시대는 통일 신라와 후고구려 그리고 후백제를 통틀어 이르는 말이에요. 이 인물은 누구인지 써 보세요.

✎ _____

26 다음 중 궁예에 대한 설명으로 틀린 것을 고르세요.

① 신라 왕족으로 태어났지만 왕실로부터 버림을 받았다.
② 어린 시절 유모가 실수로 눈을 찔러 애꾸가 되었다는 이야기가 있다.
③ 스스로를 왕이라 칭하며 조선을 세웠다.
④ 왕이 된 궁예는 시간이 갈수록 포악해지고 제멋대로 나라를 다스렸다.
⑤ 결국 민심을 잃은 궁예는 궁궐에서 쫓겨났다.

27 다음 빈칸에 들어갈 알맞은 말을 써 보세요.

(㉠)이 세운 나라 (㉡)는 우리나라 역사상 스스로의 힘으로 통일을 이룬 최초의 자주적인 통일 국가이다. 이전에 신라가 삼국을 통일한 적이 있었지만 그 때는 (㉢)의 도움을 받았다.

✎ ㉠ _____ ㉡ _____ ㉢ _____

28 고려를 세운 왕건은 부인이 29명이었다고 해요. 왕건이 이렇게 많은 부인을 둔 데에는 정치적인 이유가 있었는데 그 이유는 무엇일까요?

✎ _____

29 고려 제4대 왕 광종은 왕의 힘을 키우고 호족의 세력을 줄이기 위해 크게 두 가지 방법을 썼어요. 아래 설명을 읽고 각각의 이름을 써 보세요.

㉠: 억울하게 노비가 된 사람을 해방시켜 주는 법
㉡: 노비가 아닌 보통 백성이면 누구나 시험을 통해 벼슬에 오를 수 있는 제도

✎ ㉠ _____ ㉡ _____

30 993년 거란이 고려를 침입했을 당시, 고려의 외교가 서희는 거란의 소손녕과 담판하여 유리한 강화를 맺었어요. 다음 지도를 참고하여 담판 당시 서희가 했던 말의 빈칸을 채워 보세요.

왜 고려는 우리 거란을 무시하고 송나라를 섬기는 거요?

거란 군대가 후퇴하면 _____ 을 몰아낸 후 거란과 외교 관계를 맺겠소.
아~ 그래?

31 993년 고려는 송나라와는 친하게 지내고, 거란은 무시하는 외교 정책을 폈어요. 그 이유는 무엇일까요? 다음 문장을 완성해 보세요.

우리나라는 신라 시대부터 중국 (㉠)이 세운 나라와 친하게 지내고, 반대로 (㉡)이 세운 나라는 멀리했다. 송나라는 (㉠)이 세운 나라였고, 거란은 (㉡)이 세운 나라였다. 고려를 세운 왕건도 이 전통을 이어받아 거란을 멀리했고, 이 전통이 성종 때까지 이어진 것이다.

✎ ㉠ _____ ㉡ _____

32 다음 중 강감찬에 대한 설명으로 옳은 것은 무엇인가요?

① 강감찬은 하늘에서 큰 새가 떨어진 날 태어났다.
② 거란의 1차 침입 때 큰 활약을 했다.
③ 귀주에서 거란군에 총공격을 퍼부어 큰 승리를 얻었다.
④ 강감찬 장군의 출생지는 낙상대이다.
⑤ 흥화진에서 불을 이용한 작전으로 거란군에 큰 피해를 입혔다.

33 고려의 장군 윤관은 별무반을 조직하여 여진과의 2차 전투에서 큰 승리를 얻을 수 있었어요. 별무반에 대한 설명을 알맞게 연결해 보세요.

① 신기군 ·   · ㉠ 땅 위에서 공격하는 부대
② 신보군 ·   · ㉡ 주로 승려로 이루어진 특수 작전 부대
③ 항마군 ·   · ㉢ 말을 타고 싸우는 부대

34 1102년 숙종 임금이 화폐 유통을 촉진시키기 위해 엽전을 만들었어요. 예로부터 중국에서 우리나라를 부르던 이름과, 널리 사용하는 돈이라는 뜻을 합쳐 지은 이 화폐의 이름은 무엇일까요? 다음 초성을 보고 정답을 써 보세요.

ㅎ ㄷ ㅌ ㅂ ✎ _____

153

35 고려 시대인 1170년, 무신들이 반란을 일으켜 문신들을 죽이고 왕을 내쫓았어요. 그러고는 약 100년 간 정권을 장악했지요. 무신들이 반란을 일으킨 이유를 써 보세요.

36 고려 무신 정권 때의 인물이 아닌 사람은 누구일까요?
① 정중부 ② 경대승 ③ 이의민
④ 최치원 ⑤ 최충헌

37 고려 최충헌의 노비로, 노비 해방을 위해 반란을 일으키려다 체포되어 죽은 인물은 누구일까요?

38 다음은 고려 시대의 대표적인 유행가입니다. 고달픈 삶을 살았던 고려 시대 사람들의 정서가 잘 나타나 있어요. 이 노래의 제목은 무엇인가요?

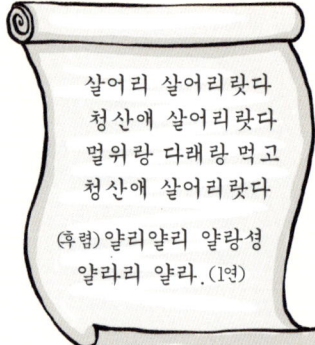

살어리 살어리랏다
청산애 살어리랏다
멀위랑 다래랑 먹고
청산애 살어리랏다
(후렴) 얄리얄리 얄랑셩
얄라리 얄라. (1연)

39 고려 제31대 왕 공민왕은 원나라를 배척하고 자주적인 개혁 정책을 추진했어요. 공민왕의 개혁 정책이 아닌 것은 무엇인가요?
① 원나라에 충성하는 대가로 벼슬을 하고 재산을 모은 자들을 몰아내기
② 쌍성총관부를 공격하여 원나라가 차지한 땅 되찾기
③ 전민변정도감을 설치해 토지를 빼앗긴 백성 도와주기
④ 과거를 통해 능력 있고 깨끗한 인재 선발하기
⑤ 고려의 왕은 원나라의 황제가 임명하도록 하기

40 고려의 장군 최영은 수차례 외적의 침입을 물리쳤어요. 다음 초성과 설명을 보고 당시 최영이 물리친 외적은 누구인지 써 보세요.

1356년 공민왕이 1)ㅇㄴㄹ가 다스리던 쌍성총관부를 되찾을 때 전투에 나가 공을 세웠다.

1) ㅇㄴㄹ

일본에서 건너온 2)ㅇㄱ의 침략이 잦았다. 1358년 오차포에서 이들의 배 400여 척을 무찌르는 등 수차례 큰 공을 세웠다.

2) ㅇㄱ

머리에 붉은 두건을 맺기 때문에 3)ㅎㄱㅈ이라고 불렸다. 1362년 개경까지 침범한 이들의 무리를 물리쳤다.

3) ㅎㄱㅈ

41 1363년 원나라에 사신으로 갔다 돌아오는 길에 목화씨 10여 개를 가져온 인물은 누구일까요?

42 많은 실패를 맛보았지만, 결국 화약과 이를 이용한 무기를 만드는 데 성공한 인물은 누구일까요?

43 다음 글은 고려를 없애고 새 나라를 세우자는 이방원에게 보내는 시조로, 고려에 대한 충성이 담겨 있어요. 보내는 이의 이름을 써 보세요.

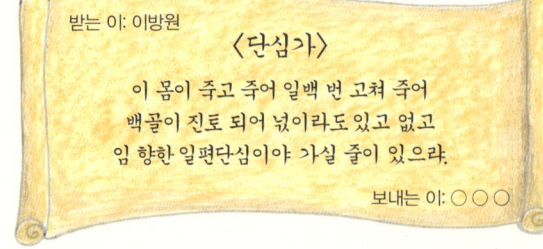

받는 이: 이방원
〈단심가〉
이 몸이 죽고 죽어 일백 번 고쳐 죽어
백골이 진토 되어 넋이라도 있고 없고
임 향한 일편단심이야 가실 줄이 있으랴
보내는 이: ○○○

44 요동 정벌을 위해 길을 떠났던 이성계는 1388년 5월 압록강의 위화도에서 군사를 돌이켜 반란을 일으켰어요. 이 사건을 뭐라고 할까요?

45 다음은 조선에 대한 설명입니다. 틀린 곳을 알맞게 고쳐 써 보세요.

1) 1394년 ~~평양~~을 조선의 수도로 정했다.

2) 한양은 땅의 모양새가 나라의 잘됨과 못됨에 영향을 미친다는 ~~풍선자리~~ 사상에도 꼭 들어맞았다.

3) 조선을 다스리는 근본 원리는 유교, 그중에서도 특히 ~~철학~~이었다.

46 다음 중 조선 제3대 왕 태종에 대한 설명으로 틀린 것은 무엇인가요?

① 6조를 두어 모든 일을 왕에게 직접 보고하도록 했다.
② 전국을 10도로 나누고 각 도에 관리를 파견했다.
③ 궁궐 밖에 신문고라는 큰북을 달아 억울한 일을 당한 백성을 살피고자 했다.
④ 두 차례의 왕자의 난을 통해 왕이 되었다.
⑤ 16세 이상의 남자에게 호패라는 신분증을 발급했다.

47 다음 빈칸에 알맞은 말은 무엇일까요?

1) ○○○○은 세종이 1443년에 만든 글자로 백성을 가르치는 바른 소리라는 뜻을 지녔다.
2) ○○○은 재주 많고 똑똑한 학자들이 모인 세종의 두뇌 집단이었다.

1)   2)

48 다음은 장영실의 발명품들입니다. 각각의 이름을 써 보세요.

1) 비가 내린 양을 재는 기구

2) 천체의 위치와 움직임을 관측하는 장치

3) 지구를 반으로 자른 듯한 솥 모양의 해시계

4) 물이 흐르는 것을 이용하여 시간을 알리는 장치

49 1456년, 여섯 명의 신하는 단종을 끌어내리고 왕이 된 세조를 죽이고, 단종을 다시 왕으로 추대할 계획을 세웠어요. 하지만 이들의 계획은 실패로 끝났고, 결국 세조에 의해 처형당했어요. 이 여섯 명의 신하를 이르는 말은 무엇일까요?

① 사일신   ② 사이신   ③ 사삼신
④ 사오신   ⑤ 사육신

50 다음 설명에서 틀린 곳을 찾아 알맞게 고쳐 써 보세요.

1485년 조선 시대에 통치의 기준이 된 법전《경찰대전》이 세상에 널리 알려졌다.

51 다음 빈칸에 들어갈 알맞은 말을 〈보기〉에서 골라 써 보세요.

조광조는 중종에게 왕은 나라를 (㉠)이 아니라 (㉡)으로 다스려야 한다는 왕도 정치를 주장했다.

〈보기〉 분노, 슬픔, 힘, 돈, 덕

㉠   ㉡

52 신사임당은 시, 그림, 글쓰기에 모두 능통하였고, 아들 또한 유명했어요. 신사임당의 아들이며 조선 중기의 문신이자 학자인 이 사람은 누구일까요? 알맞은 인물 딱지를 놓아 보세요.

어머니: 신사임당

아들

53 다음 설명에서 틀린 곳을 알맞게 고쳐 써 보세요.

1592년, 일본이 침략의 야심을 드러냈다. 일본의 지도자 1) 가쓰라가 조선을 거쳐 명나라를 침략할 계획을 세운 것이다. 이윽고 그해 4월, 일본군이 부산진을 공격했다. 이 공격으로 시작된 전쟁은 2) 김유신이 전사한 1598년에야 끝이 났다. 이를 임진년(1592년)에 일본이 일으킨 전쟁이라는 뜻으로 3) '임오군란'이라 부른다.

1) _____ 2) _____ 3) _____

54 다음 중 이순신에 대한 설명으로 틀린 것은 무엇인가요?

① 임진왜란 때 이순신은 수군 지휘관으로 수많은 전투에서 승리했다.
② 임진왜란 때의 일을 간결하고 명료하게 기록한 《난중일기》를 남겼다.
③ 거북선은 등에 창검과 송곳이 있고, 앞머리와 옆구리에는 화포를 설치했다.
④ 명량 대첩에서 일본군을 물살이 센 울돌목으로 유인한 뒤 공격을 퍼부었다.
⑤ 노량 해전에서 탄환에 맞은 이순신은 "나의 죽음을 어서 알려라."라는 유언을 남겼다.

55 이 책은 조선 시대 허준이 펴낸 것으로, 조선 사람에게 맞는 의학책이에요. 역사적, 의학적 가치를 인정받아 2009년 유네스코 세계 기록 유산에 등재되기도 했어요. 이 책은 무엇일까요?

56 조선 제21대 왕 영조는 탕평책을 추진했어요. 탕평책이 무엇인지 써 보세요.

57 다음 화가와 그림, 제목을 바르게 연결해 보세요.

① 김홍도 • ㉠ • ⓐ 씨름
② 정선 • ㉡ • ⓑ 미인도
③ 윤두서 • ㉢ • ⓒ 인왕제색도
④ 신윤복 • ㉣ • ⓓ 자화상

58 다음은 조선 제22대 왕 정조의 업적입니다. 초성을 보고 정답을 써 보세요.

정조는 1)ㅅㅇ 제도와 2)ㄱㅈ 제도를 활발히 시행했다. 1)ㅅㅇ은 백성이 억울한 일을 당했을 때 문서로 호소하는 것이고, 2)ㄱㅈ은 억울한 일을 당한 백성이 길을 지나는 왕 앞에 나가 꽹과리를 울리며 호소하는 제도이다.

1) _____ 2) _____

59 다음 중 조선 실학자 박지원에 대한 설명으로 틀린 것은 무엇일까요?

① 1780년 박지원은 청나라의 여러 곳을 여행하고 돌아왔다.
② 여행에서 보고 들은 것을 《목민심서》란 책으로 발표했다.
③ 박지원은 자신의 책에 자기의 사상, 시, 소설까지 기록했다.
④ 박지원이 쓴 책은 나오자마자 큰 인기를 끌었다.
⑤ 박지원이 쓴 책은 실학 발전에도 영향을 주었다.

60 다음 설명과 올바른 사상을 연결해 보세요.

① 실학 •　　　• ㉠ 유교 중 하나로 예절과 형식을 중요하게 생각함.

② 성리학 •　　• ㉡ 정치, 경제, 사회를 개선할 수 있는 방법을 연구함.

61 다음 설명에서 틀린 곳을 알맞게 고쳐 써 보세요.

1) 조선의 학자 김정희는 중국의 서예 대가들을 연구하고 그들의 장점을 모아 자신만의 독창적이고 개성 있는 서체를 만들었는데, 그 서체를 <s>궁서체</s>라 한다.

2) 조선의 지리학자 김정호가 만든 지도(<s>대동지지</s>)는 조선 시대에 가장 정확하고 과학적인 지도였다.

3) 조선 후기 최제우가 새롭게 만든 종교(<s>서학</s>)은 차별 없는 세상을 주장하여 많은 백성들의 지지를 받았다.

4) 흥선 대원군은 나라의 문을 닫고 서양 강대국의 요구를 거절하는 통상 수교 (<s>환영</s>) 정책을 추진했다.

5) 김옥균, 박영효, 서광범, 서재필, 홍영식 등의 개화파 관료들이 일으킨 (<s>갑오정변</s>)은 청나라 세력에 의존하며 개화를 반대하는 세력을 몰아내고 혁신적인 정부를 세우기 위한 것이었다.

62 다음 설명을 보고 알맞은 사건의 이름을 써 보세요.

1) 을미년에 일어난 큰 재앙이라는 뜻으로, 1895년 음력 8월 20일 발생했다. 일본은 조선 침략에 방해가 되는 명성 황후를 암살했다.

2) 1894년 전라도 고부 지방에서 농민들이 일으킨 봉기이다. 전봉준을 지도자로 하여 군수의 부정부패에 항거한 봉기는 다른 지방으로 퍼져 나갔다.

3) 1896년 조선의 왕 고종은 신변 안전의 이유와 일본을 견제하기 위해 러시아 공사관으로 피신을 갔다.

63 다음 노래와 관계있는 인물 딱지를 놓아 보세요.

> 새야 새야 파랑새야 녹두밭에 앉지 마라
> 녹두꽃이 떨어지면 청포 장수 울고 간다

64 다음 중 독립문에 대한 설명으로 옳은 것은 무엇인가요?

① 본래 아무것도 없던 들판에 독립문이 세워졌다.
② 독립문을 세우는 데 참여한 사람은 서재필뿐이다.
③ 독립문 건설에는 아주 적은 돈이 들었다.
④ 독립문 현판석 앞뒤에는 한글로 '대한독립만세'라고 새겨져 있다.
⑤ 독립문은 우리나라가 자주독립 국가임을 알리고 독립 의지를 다지는 기념물이다.

65 다음 초성과 설명을 보고 알맞은 말을 써 보세요.

1) ㅇㅈ ㄱㅈㄱ는 일본 제국주의에 의하여 우리나라가 식민 통치를 당한 시기로, 1910년 국권이 강탈된 후부터 1945년 해방되기까지 35년 동안 이어졌다.

2) ㄱㅎㄷ ㅈㅇ은 일본이 군대 힘으로 조선을 위협하여 1876년 강화도에서 맺은 조약으로, 조선을 침략하려는 일본의 의도와 여러 가지 불평등한 내용이 담겨 있다.

3) 고종은 1897년 나라 이름을 ㄷㅎ ㅈㄱ이라 바꾸었다.

66 다음 빈칸에 들어갈 알맞은 말을 써 보세요.

> 일본의 이토 히로부미는 고종에게 일본이 앞으로 조선을 보호(진짜 뜻은 지배)하는 조약을 받아들일 것을 요구했다. 하지만 고종이 이를 거절하자 이완용, 이근택, 이지용, 박제순, 권중현 등 다섯 명의 신하가 찬성 의사를 표시했다. 그러자 이를 빌미로 하여 이토는 강제로 조약을 체결했다. 이때 찬성 의사를 표시한 다섯 명의 신하를 (㉠), 체결된 조약을 '을사조약' 또는 (㉡)이라고 한다.

✏ ㉠ _____ ㉡ _____

67 다음 독립운동과 설명을 알맞게 연결해 보세요.

① 3·1 운동 • • ㉠ 일본에게 진 빚 1300만 원을 국민의 힘으로 갚아 잃어버린 국권을 회복하자는 운동

② 6·10 만세 운동 • • ㉡ 1920년대 초부터 1930년대 말까지 일어난 경제 자립 운동으로 국산품을 애용하고, 소비를 절약하고, 민족 기업을 키우는 등의 내용으로 강연회와 시위를 벌임.

③ 물산 장려 운동 • • ㉢ 손병희 등 33인이 앞장서서 '독립 선언서'를 낭독하고 민족의 자주독립을 선언함.

④ 국채 보상 운동 • • ㉣ 대한 제국의 마지막 황제였던 순종의 장례일에 맞춰 학생들이 만세 시위를 일으킴.

68 다음 설명에 알맞은 인물의 이름을 써 보세요.

1) 1909년 만주의 하얼빈 역에서 우리나라 침략에 앞장섰던 일본의 정치가 이토 히로부미를 저격했다.

✏ _____

2) 3·1 운동 소식을 알려 주며 천안에서도 만세 운동을 벌일 것을 제안했다.

✏ _____

3) 1932년 상해 훙커우 공원에서 일본군을 향해 도시락 폭탄과 물통 폭탄을 던져 큰 타격을 입혔다.

✏ _____

4) 1936년 독일 베를린에서 열린 제11회 올림픽 마라톤 경기에서 세계 신기록을 세우며 금메달을 땄다.

✏ _____

69 다음 인물과 전투를 알맞게 연결해 보세요.

① 홍범도 • • ㉠ 봉오동 전투

② 김좌진 • • ㉡ 청산리 대첩

70 다음 인물과 책을 알맞게 연결해 보세요.

① 안중근 • • ㉠ 《국어문법》

② 주시경 • • ㉡ 《백범일지》

③ 한용운 • • ㉢ 《님의 침묵》

④ 윤동주 • • ㉣ 《하늘과 바람과 별과 시》

⑤ 김구 • • ㉤ 《동양 평화론》

71 다음 중 틀린 것은 무엇일까요?

① '늑약'은 억지로 맺은 조약이라는 뜻이다.
② '친일파'란 일제 강점기 때 민족을 배신하고 일본에 협력한 사람을 말한다.
③ '의거'란 정의를 위하여 의로운 일을 하는 것이다.
④ '민족 말살 정책'이란 이름을 미국식으로 바꾸는 것을 말한다.
⑤ '단발령'은 상투 풍속을 없애고 머리를 짧게 깎도록 한 명령이다.

72 다음 보기를 시간 순서대로 써 보세요. (연표를 참고하세요.)

> ㉠ 조선 시대 ㉡ 통일 신라 시대 ㉢ 후삼국 시대
> ㉣ 삼국 시대 ㉤ 고조선 시대 ㉥ 남북국 시대
> ㉦ 고려 시대 ㉧ 일제 강점기

✏ _____ ⋯▶ _____ ⋯▶ _____
   _____ ⋯▶ _____ ⋯▶ _____

다음 장에서 정답을 확인하세요!

정답

❶단군왕검 ❷③ ❸③ ❹①–㉡–ⓐ, ②–㉠–ⓑ ❺경주 ❻광개토 대왕 ❼백제금동대향로 ❽⑤ ❾광개토 대왕

❿① 평양, ② 천도 ⓫㉢–㉡–㉠ ⓬④ ⓭살수 대첩 ⓮㉠ 신분, ㉡ 성골 ⓯김춘추 ⓰① ⓱계백, 김유신 ⓲연개소문 ⓳문무왕

⓴놀란 까닭: 깨끗한 물인 줄 알았는데 해골에 고인 썩은 물이어서, 깨달음: 모든 기쁨과 슬픔은 마음먹기에 달렸다.

㉑해동성국 ㉒남북국 시대 ㉓①–㉢, ②–㉠, ③–㉡ ㉔최치원 ㉕견훤 ㉖③ ㉗㉠ 왕건 ㉡ 고려 ㉢ 당나라

㉘호족을 사돈 관계로 만들어 고려에 협조하게 하려고 ㉙㉠ 노비안검법, ㉡ 과거 제도

㉚여진 ㉛㉠ 한족, ㉡ 유목·민족 ㉜③ ㉝①–㉢, ②–㉠, ③–㉡ ㉞해동통보

㉟문신과 무신들의 차별이 점차 심해지면서 불만이 커졌기 때문에

㊱④ ㊲만적 ㊳청산별곡 ㊴⑤ ㊵1) 원나라, 2) 왜구, 3) 홍건적 ㊶문익점 ㊷최무선 ㊸정몽주 ㊹위화도 회군

㊺1) 한양, 2) 풍수지리, 3) 성리학 ㊻② ㊼1) 훈민정음, 2) 집현전 ㊽1) 측우기, 2) 혼천의, 3) 앙부일구, 4) 자격루 ㊾⑤

㊿경찰대전 ⋯→ 경국대전 (51)㉠ 힘, ㉡ 덕 (52)이이 (53)1) 도요토미 히데요시, 2) 이순신, 3) 임진왜란

(54)⑤ (55)동의보감 (56)당파에 얽매이지 않고 인재를 고르게 뽑는 정책 (57)①–㉣–ⓐ, ②–㉠–ⓒ, ③–㉡–ⓓ, ④–㉢–ⓑ

(58)1) 상언 2) 격쟁 (59)② (60)①–㉡, ②–㉠ (61)1) 추사체, 2) 대동여지도, 3) 동학, 4) 거부, 5) 갑신정변

(62)1) 을미사변, 2) 동학 농민 운동, 3) 아관 파천 (63)전봉준 (64)⑤ (65)1) 일제 강점기, 2) 강화도 조약, 3) 대한 제국

(66)㉠ 을사오적, ㉡ 을사늑약 (67)①–㉢, ②–㉣, ③–㉡, ④–㉠ (68)1) 안중근, 2) 유관순, 3) 윤봉길, 4) 손기정 (69)①–㉠, ②–㉡

(70)①–㉤, ②–㉠, ③–㉢, ④–㉣, ⑤–㉡ (71)④ (72)㉤ ⋯→ ㉣ ⋯→ ㉡ ⋯→ ㉥ ⋯→ ㉢ ⋯→ ㉦ ⋯→ ㉠ ⋯→ ㉧